Douglas Monroe

Merlyns Lehren

Douglas Monroe

Merlyns Lehren

21 Lektionen in praktischer Druidenmagie
Das Arbeitsbuch zu *Merlyns Vermächtnis*

Verlag Hermann Bauer
Freiburg im Breisgau

Die Deutsche Bibliothek – CIP-Einheitsaufnahme

Monroe, Douglas:
Merlyns Lehren : 21 Lektionen in praktischer Druidenmagie ; das Arbeitsbuch zu Merlyns Vermächtnis / Douglas Monroe.
[Dt. von Sylvia Luetjohann]. –
2. Aufl. – Freiburg im Breisgau : Bauer, 1996
ISBN 3-7626-0516-5

Die amerikanische Originalausgabe erschien 1992 bei
Llewellyn Publications, St. Paul, MN 55164, USA
unter dem Titel
The 21 Lessons of Merlyn – A Study in Druid Magic & Lore

Deutsch von Sylvia Luetjohann
Lektorat: Ute Orth

2. Auflage 1996
ISBN 3-7626-0516-5

Illustrationen: Douglas Monroe
Einband: Markus Nies-Lamott, Freiburg im Breisgau
Satz: Fotosetzerei G. Scheydecker, Freiburg im Breisgau
Druck und Bindung: Wiener Verlag GmbH, Himberg
Printed in Austria

Gedruckt auf chlorfrei gebleichtem Papier

Inhalt

Einführung

Was wir heute zusammenfassend als *die Kelten* bezeichnen, war in Wirklichkeit eine Mischung aus vielen verschiedenen Stämmen, die eine gemeinsame Kultur verband. Es gab eine Zeit, in der sie fast die Hälfte der damals bekannten Welt beherrschten. Die Kelten gelangten vornehmlich um das Jahr 400 v. Chr. in »Invasionswellen« an die Küsten Britanniens. Zu dieser Zeit fand, so berichten keltische Sagen, die über die Jahre der römischen Besatzung hinweg erhalten blieben, die *Schlacht der Bäume* statt. Dieses Datum hat lange die traditionellen Anfänge des Druidentums markiert.

Historisch lassen sich *drei Zeitalter des Druidentums* unterscheiden, die mit den historischen Ereignissen um die Kelten zusammenfallen:

Erstes Zeitalter: von der »Schlacht der Bäume« um 400 v. Chr. bis zur Zerstörung von Anglesey 61 n. Chr.
Zweites Zeitalter: von 61 n. Chr. durch die Zeit der römischen Besatzung (und dem Tod von König Arthur 516 n. Chr.) bis zur Zerstörung von Avalon 563 n. Chr.
Drittes Zeitalter: von 563 n. Chr. durch das »bardische Mittelalter« bis heute.

Bei ihrer Landung an den Küsten Britanniens trafen die Kelten auf die einheimischen Briten oder *Brythonen*, ein recht friedliebendes und religiös gesinntes Volk, das im Ackerbau und im Errichten einfacher Steinmonumente für seine Götter und Ahnen sehr kundig war. Die Verschmelzung beider Völker brachte ein einzigartiges Stammesgeschlecht hervor, das äußerst geheimnisvoll und abergläubisch, aber auch gesetzestreu und vielseitig bewandert war. Jeder Stamm oder Clan, gewöhnlich durch Blutsverwandtschaft oder Heirat definiert, lebte in einem Gebiet mit genau festgelegten Grenzen, innerhalb derer er Anbau trieb, auf die Jagd ging und seine Götter verehrte. Jeder Stamm war als autarke Gemeinschaft auf sich selbst gestellt – außer in Kriegszeiten, in denen sich die Stämme gegen einen gemeinsamen Feind oder gelegentlich auch gegen einen fremden Eindringling verbündeten. Der Römer Polybius bemerkt über das Wesen und die Veranlagung der Kelten:

> *Sie sind von hoher Statur, haben blaue Augen und sind sehr schön. Ihre Frauen sind überaus fruchtbar und gute Mütter. Ihre Männer sind kriegerisch, leidenschaftlich und leicht erregbar, aber auch großzügig und arglos. Sie zeigen sich kulturbeflissen und gründen Schulen und Kollegien in ihren Städten. Sie sind von Natur aus Reiter – mutig, loyal und stark. Ihre Häuser sind groß, aus gewölbten Balken erbaut und haben Wände aus Flechtwerk und Lehm. Nur in Religion und Magie zeigen sie Gehorsam und Disziplin.*

In der vormittelalterlichen Zeit war ständig die Bedrohung durch Kriege – um so mehr *vor* und *während* der römischen Herrschaft – gegeben, weil feindliche Stämme in Horden einfielen, um sich auf dem fruchtbaren Boden niederzulassen und die reichen Metallvorkommen zu schürfen. Als das römische Heer im Jahre 425 n. Chr. von Britanniens Küsten abzog, lag das Land im Chaos. Nicht nur, daß die kriegerischen Wikinger, Angeln und Sachsen jährlich zu Tausenden einfielen, es tobten auch Bürgerkriege zwischen winzigen Königreichen im Osten und Westen und gegen die eroberungslustigen Pikten nördlich des Hadrianswalls. Nicolai Tolstoy beschreibt diese Zeit recht gut in seinem Buch über Merlyn:

> *Seinen Höhepunkt erreichte Britanniens Heldenzeitalter in der ersten Hälfte des sechsten Jahrhunderts, als die großen Könige des Nordens ruhmreich herrschten, mit ungestümer*

Tapferkeit gegen die Angeln und Pikten kämpften und sich gegenseitig befehdeten.[1]

Mit dieser unbeständigen Phase treten wir in die Anfänge des Arthurianischen Zeitalters ein: Der römische Adler war davongeflogen, die Druiden wurden unterdrückt, und das Land sehnte sich nach Einheit.

Die Druiden waren die Priester der Kelten. Das Wort *Druide* bedeutet in vielen Sprachen »Eichen-Mann«. Die Wurzel *dru* bezieht sich auf die »Eiche«, die bei den Druiden als König der Bäume galt. Sie waren in einem Orden zusammengeschlossen und nannten sich selbst »Ursprüngliche Mystiker«. Für die Kelten waren sie Ärzte, Gelehrte, Rechtsbeistände und Geistliche, die Mittler zwischen Gott und den Menschen. Sie wurden mit großer Ehrfurcht behandelt und waren mit einer Macht ausgestattet, die der von Königen gleichkam.

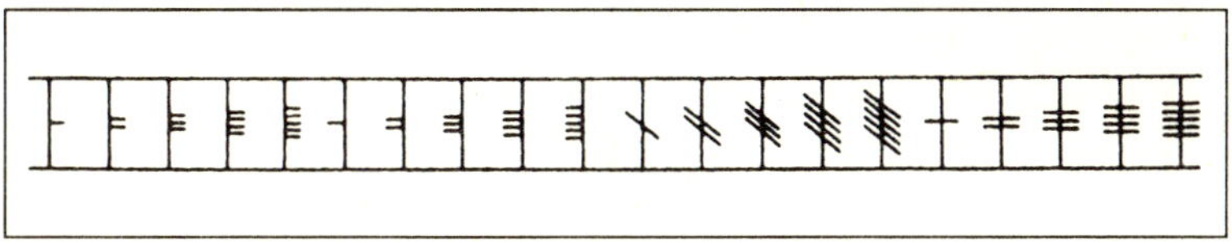

Selbst aus Darstellungen der römischen Gegner geht hervor, daß die druidischen Kollegien für ihre Zeit sehr einflußreiche und hochentwickelte Institutionen gewesen sein müssen, was besonders auf die Ausbildung der künftigen Druiden-Priester zutraf. Sie waren wie Klöster beschaffen. Die unterrichteten Schüler wurden in den Orden aufgenommen, und jeder Kontakt zu ihren Eltern war den Novizen bis zum Alter von 14 Jahren untersagt. Sie wurden von den Druiden unter sehr abgeschiedenen Lebensumständen, in Höhlen oder Wäldern, geschult, und ihre Ausbildung war oft erst nach 20 Jahren abgeschlossen.

---

[1] Tolstoy, Nicolai: *Auf der Suche nach Merlin – Mythos und geschichtliche Wahrheit.* 3. Aufl., München (Heyne) 1994, S. 65.

Solche Berichte beziehen sich auf ein Lehrsystem, das in den walisischen Urkunden *Yr Graddfeydd* (die Stufen) und in irischen Texten *Aradach Fionn* (Fionns Leiter) genannt wird. Obwohl diese beiden Begriffe unterschiedlich sind, werden sie für dieselbe Art von Lehrlingschaft verwendet – ähnlich wie die beiden überlieferten Formen des walisischen und irischen *Ogham*, die gleichermaßen anerkannt waren. Die Stufenleiter der Lehrlingschaft beruhte auf dem *Ogham-Baumalphabet* und hielt sich an dessen Reihenfolge des Aufstiegs, wobei jede »Sprosse« für einen bestimmten Buchstaben und eine Lektion stand. Die Ogham-Schrift, die im vorliegenden Buch noch ausführlicher behandelt wird, war ein symbolisches und magisches Alphabet, das von den Druiden ausschließlich als religiöses Hilfsmittel zu Zwecken der Divination und Offenbarung verwendet wurde. Auf dieser Stufenleiter gab es 20 nach Bäumen benannte »Sprossen« sowie eine namenlose, die mit den drei dazwischenliegenden *Hohen Suchen der Meisterschaft* das Ganze bildeten. Das folgende Zitat veranschaulicht sehr gut die Vorstellung der Alten Welt von der *Leiter des Lernens*:

Aus einer zeitlosen Welt
fallen Schatten auf die Zeit.
Die Seele kann eine Leiter erklettern
von einer Schönheit, die älter ist als die Erde.
Auf Fionns Stufen steige ich empor
zu einer Leere, die älter ist als die Zeit.

Gnostischer Vers der Kuldeer

Nach dem Material des *Book of Pheryllt*, das als Hauptquelle für das vorliegende Buch diente, hatten die Druiden erkannt, daß Kinder einzigartige Lernfähigkeiten haben, die – wenn sie nicht zur richtigen Zeit angemessen gefördert werden – mit dem Erwachsenwerden verlorengehen. Dieser Gedanke weist große Ähnlichkeit mit der modernen Schulpsychologie von Piaget auf, der von entscheidenden Phasen der Kindheit als sogenannten »Fenstern des Lernens« spricht, die für eine intensive und rasche Aufnahme bestimmter Lerninhalte offenstehen und sich dann wieder schließen.

Das druidische Erziehungssystem richtete die gleiche Aufmerksamkeit auf die »sichtbare« wie auf die »unsichtbare« Welt. Im *Book of Pheryllt* heißt es über die hochentwickelte Wahrnehmungsfähigkeit, welche die Druiden bei ihren Novizen bemerkten und für ihre Arbeit einsetzten:

Kinder können mit gleicher Gültigkeit sowohl diese Welt als auch die Anderwelt annehmen – Erwachsene haben diese Kunstfertigkeit verloren. Deshalb ist es von größter Wichtigkeit, daß unsere Erziehung auf die Wiederherstellung dieser kindlichen Fähigkeit abzielt.

Der Mittelpunkt der druidischen Ausbildung und das über Britannien hinaus bekannte Seminar der westlichen Druiden befand sich auf Anglesey, auch *Mona* oder urwalisisch *Muineadh-i* genannt, was »Insel des Lernens« bedeutet. Dieser alte Name klingt noch immer in der Bezeichnung der Wasserstraße nach, die Anglesey vom Festland trennt: *The Straight of Menai.* Dasselbe gilt auch für die Wurzel *Mona*, die sich aus dem lateinischen *monasterium* ableitet, einem Kloster (unser »Münster«) oder Wohnort für Priester.

Der Austausch von Schülern und Lehrern druidischer Kollegien mit den großen Bibliotheken und Hochschulen Griechenlands und Alexandrias war allgemein üblich. Besonders bemerkenswert ist die Ähnlichkeit zwischen der griechisch-orphischen und der keltisch-druidischen Philosophie. Für die Gegenüberstellung der druidischen und der griechischen Einstellung zur Erziehung von Kindern läßt sich der aufschlußreiche Ausspruch des Philosophen Euripides zitieren:

»Wer daher das Lernen in seiner Jugend vernachlässigt, verliert die Vergangenheit und ist für die Zukunft gestorben.«

Eine interessante Schilderung kann das Wesen der druidischen Bibliotheken veranschaulichen, die von der Priesterschaft in Britannien gegründet wurden.

Zusätzlich zu der großen Anzahl von in Griechisch und Latein abgefaßten Standardwerken gab es auch viele spezifisch druidische Werke, die unter Verwendung der *Ogham*-Baumbuchstaben (irisch *Bethluisnion*) aufgezeichnet waren und ausschließlich von den Druiden verwendet wurden. In diesen »Büchern« wurde jeder *Ogham*-Buchstabe durch ein einzelnes Blatt von dem Baum dargestellt, dessen Namen es trug. Die Blätter unterschiedlicher Baumarten wurden auf einer langen Schnur aufgereiht und bildeten so Wörter und Sätze. Auf diese Art und Weise konnten die heiligen druidischen Verse, die durch priesterliches Verbot nicht anders dargestellt werden durften, bewahrt bleiben, denn diese Form des »Schreibens« wurde nicht als »von Menschenhand« angesehen, da Bäume »von den Göttern« abstammten. Besondere Langhäuser oder Bibliothekshallen wurden errichtet, um diese sehr langen »Blatt-auf-Schnur«-Bücher aufzunehmen. Wollte ein Student eines von ihnen lesen, so begann er damit an einem Ende und ging an ihm entlang, wobei er es »durchblätterte«! Diese ungewöhnlichen Bücher wurden von eigenen Bibliothekaren betreut, deren einzige Aufgabe darin bestand, abgenutzte »Seiten/Blätter« zu ersetzen und die Bücher in einem gut leserlichen Zustand zu halten. Dieser Brauch macht zugleich deutlich, warum wir noch heute die Seiten eines Buches als »Blätter« bezeichnen.

Die Druiden gründeten ihr Lehrsystem auf einen abstrakten Begriff, den sie *Autorität* nannten. Damit war nicht Autorität über andere Menschen oder in weltlichen Angelegenheiten gemeint, sondern *über das Ich* und damit über die Welt. Autorität wurde auf genau dieselbe Art und Weise erworben wie »Erfahrung« und »Weisheit«: langsam und allmählich im Laufe der Zeit, durch große Hingabe. Die Grundvoraussetzung dafür war: Je mehr spirituelle Arbeit in einem der vier Elementarreiche von Erde, Wasser, Luft und Feuer geleistet wurde, desto mehr Achtung wurde dem angehenden Druiden von dem entsprechenden Reich entgegengebracht. Jedesmal, wenn eine Lektion auf der Stufenleiter erfolgreich abgeschlossen war, wurde dem Lehrling eine der *Gleini na Droedh* zuerkannt. Dies waren Glasperlen, von denen der Schüler für jede Lektion eine erhielt, auf ein Lederband aufzog und insgeheim als Symbol für seine wachsende Vervollkommnung trug. Solche Perlen wurden auch *Naddred* oder »Nattern/Schlangen-Perlen/Eier« genannt, da ein »wissender Mann«, der in den Geheimlehren bewandert war, als »Schlange« oder »Natter« bezeichnet wurde. Einen vergleichbaren Brauch gab es bei den Indianern, die auf ähnliche Weise erworbene Federn als Kopfschmuck trugen und offen zeigten. Die Auszeichnung hervorragender Schüler mit goldenen oder silbernen Sternen ist eines der vielen noch erhaltenen Überbleibsel der keltischen Erziehung in unserer Zeit. Die Priester trugen Sterne auf den Fußsohlen, den sogenannten *Druidenfuß*, »um überall, wo sie gingen, eine Fährte des Segens zu hinterlassen« – und sie verliehen Sterne an »Sternenschüler« als Zeichen für vorzügliche Leistungen.

Zu ähnlichen druidischen Bräuchen, die überlebt haben, gehören: das Küssen unter einem Mistelzweig zu Weihnachten, das aus dem älteren Julfest, der nordischen Wintersonnwendfeier, entstanden ist; der Osterhase und das Färben von Eiern (Ostern ist das alte gälische Fest der Göttin Ishtar oder Ostara, deren Totem-Symbol für die Fruchtbarkeit des Frühlings der Hase und die Eier waren, die sinnbildlich für neues Leben standen); das Aushöhlen von Kürbissen an *Halloween*, dem Abend vor Allerheiligen (in Deutschland hat sich dieser Brauch am St. Martinstag erhalten). Ursprünglich wurden Futterrüben oder Kürbisse ausgehöhlt, und zum Schutz des Hauses wurde eine brennende Kerze hineingestellt – ein »Kopf« als Schutz für jedes Kind im Haushalt. Der Kopf stand auch symbolisch für den »Edlen Kopf« von Bran dem Gesegneten,

Druidisches Rad der Jahreszeiten

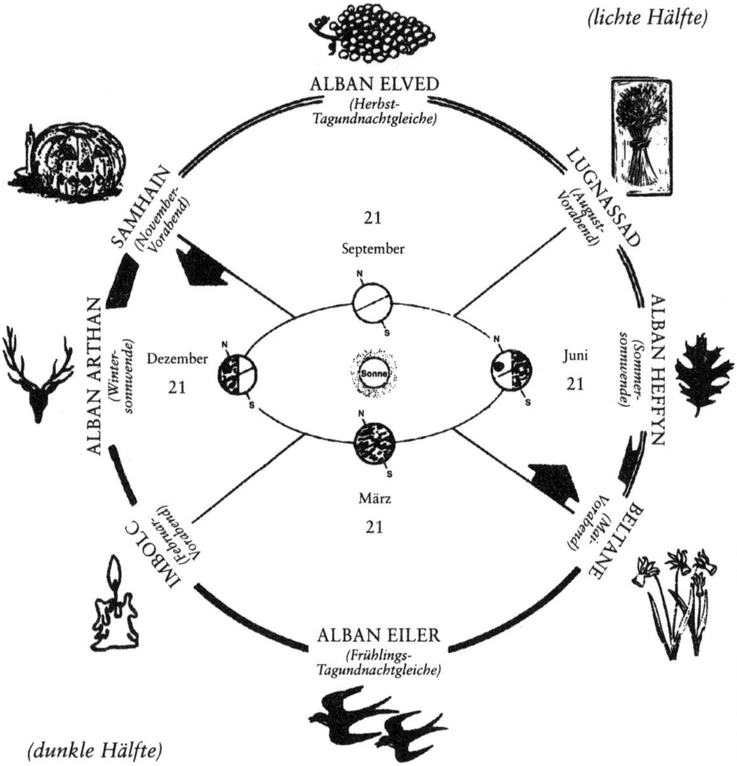

eines Gottes, dessen Kopf im Weißen Hügel *(White Hill)* und später unter dem Tower in London begraben lag, um das Land vor feindlichen Überfällen zu schützen. Halloween oder *Samhain*, das alte Totenfest, war der bedeutendste druidische Festtag des Jahres. Der damit verbundene Brauch, sich in leuchtendbunte Gewänder zu kleiden, wurde einst von der ländlichen Bevölkerung ausgeübt, um die Geister abzuschrecken, die in jener Nacht über die Erde streifen konnten. Auch der Brauch, sich am Valentinstag Herzen zu schenken (an diesem Tag entfernten die Druiden das Herz eines weißen Bullen, um es nach einem Omen für den kommenden Sommer zu überprüfen); das Fällen und Schmücken des Weihnachtsbaumes, der sich aus dem druidischen Julscheit ableitet; das Errichten eines Maibaumes am 1. Mai (das alte keltische *Beltane*-Fest, an dem der erste Tag des Sommers/der lichten Jahreshälfte, personifiziert durch *Belenos*, den alten Feuergott des Lichtes, gefeiert wurde); das dreistämmige Friedenssymbol der 60er Jahre, das den *Drei Strahlen von Awen* der Druiden direkt nachgebildet ist – dies sind nur einige der zahlreichen keltischen Bräuche. Nur noch wenige Menschen wissen heute, wie viele von ihnen auf heidnischer Überlieferung beruhen ... und daß ihre Entstehung fest in den Händen der Druiden lag.

Zu Beginn seiner Schulung wurde jeder Lehrling einer bestimmten Gottheit geweiht, die als Ratgeber und Führer in die Anderwelt agierte und außerdem die Reihenfolge der stufenweisen Schritte festlegte, denen sich der Schüler zu unterziehen hatte und die für jeden anders waren. Das Ritual, durch das die geeignete Gottheit ausgewählt und dann eine Verbindung zu ihr hergestellt wurde, bildet eine der faszinierendsten Stellen im *Book of Pheryllt*. Es wird in abgekürzter Form im vorliegenden Buch beschrieben.

Das Studium an den bardischen Kollegien war in drei »Ränge« oder »Klassen« unterteilt:

Ovydd/Vate – Anfangsgrad, manchmal als Ehrentitel verwendet. Die Schüler trugen grüne Gewänder (Grün als die

Farbe für etwas Neues, für Wachstum und Entwicklung) und studierten Medizin, Recht, Astronomie, Dichtung und Musik – vergleichbar mit den »freien Künsten« oder »Geisteswissenschaften« in heutigen Lehrplänen.

Barde/Beirdd – diese Schüler trugen blaue Gewänder (Blau als die Farbe des Himmels, für Harmonie und Wahrheit). Sie wurden besonders in den musischen oder schönen Künsten, Instrumenten, Dichtung, Geschichte und Liedzauber ausgebildet. Nachdem sie diese Stufe abgeschlossen hatten, bestand ihre Aufgabe darin, durch das Land zu ziehen, Botschaften zu überbringen, diplomatische Missionen zu erfüllen, Informationen für den Rat der Druiden zu sammeln und das Beste der Kultur durch Erzählkunst und Musik zu bewahren.

Druide/Derwyddon – sie trugen weiße Gewänder (Weiß als die Farbe für Reinheit, Wissen und spirituelle Vereinigung). Sie waren die Seher, Priester und Richter/Rechtsbeistände und hatten die höchste Stellung innerhalb der drei Ränge. Sie richteten das Wort nur alle sieben Tage einmal an das Volk, am »Tag der Sonne« (dies ist der Ursprung für unseren Sonntag), und standen dabei der Sonne zugewandt, »im Angesicht Gottes ... dem Auge der Wahrheit«. Viermal jährlich kamen sie öffentlich zusammen, um Streitigkeiten zwischen Stämmen oder einzelnen Personen beizulegen. Ursprünglich hatten die Druiden das strenge Gelübde abgelegt, nicht zu heiraten – eine Tradition, die sich unverändert bis zur Vorherrschaft des Christentums fortsetzte.

In diesem Zusammenhang sollte auch der Erzdruide als der höchststehende offizielle Vertreter erwähnt werden. Das *Book of Pheryllt* führt drei Erzdruiden in Britannien an: auf Anglesey, Iona und Wyth (die heutige Isle of Wight, die auch als »Dracheninsel« bekannt war). Die keltische Welt wurde geographisch in drei Regionen aufgeteilt: die Druiden Galliens, die britischen Druiden und die irischen Druiden. Zu der britischen Gruppe, die häufig auch als die »Inseldruiden« bezeichnet wurden, gehörten das eigentliche Britannien, Schottland, die Isle of Man und Anglesey. Alle drei Regionen hatten ihr eigenes Verwaltungssystem und ihre Erzdruiden, die sich alle drei Jahre einmal zu einer Ratsversammlung in Britannien (im New Forest in Cornwall) trafen. Nur den Erzdruiden war es erlaubt, Gerätschaften aus Gold als Insignien ihrer Würde zu tragen, und fast alle anerkannten Fachleute stimmen darin überein, daß sie eine Stellung von sehr großem, unbestrittenem Einfluß innehatten.

Wurde der Lehrling dafür bereit gehalten, so wurde er durch drei *Hohe Suchen der Meisterschaft* geführt, die sich nacheinander mit der Struktur von »Vergangenheit-Gegenwart-Zukunft« oder, um die alte gnostische Entsprechung zu verwenden, »Wurzel-Muster-Schicksal« befaßten. Mit dem Abschluß einer jeden Suche erlebte der Novize eine Initiation, die ihm den Weg zu der nächsten Lernstufe bahnte. Dazu das folgende Zitat aus R. J. Stewarts hervorragendem Buch *The Prophetic Vision of Merlin*:

> *Ein Anwärter auf eine Initiation hat viele Monate oder sogar Jahre damit verbracht, die astrologischen und mythischen Beziehungen zwischen den Symbolen und den Sphären zu erlernen. Die meditativen Begriffe sind für ihn zu einem wesentlichen Bestandteil für das Verständnis der Realität geworden. Der Initiand ist ganz und gar erfüllt von den Kräften und Auswirkungen dieses Systems, das auf einem Schöpfungsmodell der vier Urelemente beruht – und er beginnt, die tiefgreifenden Strukturen von Ordnung, Ähnlichkeit, Ganzheit und Vervollkommnung zu erfassen. Das Initiationsritual ist eine dramatische Zeremonie, bei welcher der Anwärter auf die Geheimlehren der Erwartung entgegensieht, in eine neue Erkenntnis von Wahrheit, eine neue Bewußtseinsebene einzutreten, die mit der Erhabenheit und Schönheit der Sternzeichen, der Elemente und Planeten in Verbindung steht. Die Initiationszeremonie beginnt in einem geweihten Hain oder Raum. Jeder der zahlreichen Darsteller in diesem rituellen Drama führt nicht bloß ein weiteres Modell der kosmischen Ordnung auf, sondern eine auf radikale Weise auseinanderbrechende Szenenfolge,*

ähnlich wie sie am Ende von Merlins »Prophezeiungen« zu finden ist. Es handelt sich dabei nicht um eine chaotische oder wahllose Unordnung. Sie beruht vielmehr auf einer Wahrnehmung von Realität, die durch die Tradition bewahrt und durch individuelle Erfahrung und Einsicht belebt wird. Welche Wirkung hatte ein solches Initiationsritual auf den Anwärter?...[2]

An dieser Stelle von Stewarts Beschreibung möchte ich gerne einfügen, was ich selbst als eine entscheidende und ungewöhnliche Verbindung zwischen der obigen Darstellung und einem Grundbegriff aus dem *Book of Pheryllt* ansehe, nämlich die *Lehre von der konstruktiven Unausgewogenheit.* Der vierte Teil des *Pheryllt* enthält die folgende Feststellung: *Aus dem Punkt größter Unausgewogenheit geht der Punkt größter Stabilität hervor.* Im Unterschied zu den östlichen esoterischen Systemen, welche die Betonung auf Erleuchtung durch vollkommene Ausgewogenheit legen, erklärten die Druiden, daß der Geist eines Menschen Widerstand und Gegensatz, also Unausgewogenheit in seinem Leben brauche, um sein inneres Wachstum zu fördern. Die walisischen Triaden berichten uns zudem, daß ein Druide alles sehen, alles erforschen und alles erleiden muß, um den Kreislauf der Wiedergeburt zu überwinden. Das Wort »Leiden« steht gewiß für die »Unausgewogenheit« im eigenen Leben. Die Druiden nannten diese Lehre *Eneidvaddeu.* Sie zogen den Schluß, daß vollkommen ausgewogene Kräfte zu keinerlei Bewegung führen – und daß es ohne Bewegung kein Wachstum geben kann. Daher bestand eine der Schlüsselfunktionen des Lehrers darin, in den dafür geeigneten Lebensbereichen des Schülers für Unausgewogenheit zu sorgen oder ihn zu dieser zu ermutigen, damit Bewegung entstehen konnte »in Richtung der Schwäche, wo sie am meisten gebraucht wird«. Dieser Gedanke wird im *Book of Pheryllt* so oft erwähnt, daß es irgendwann einmal einen Grundsatz oder eine Triade gegeben haben muß, die etwa ge-

[2] Stewart, R. J.: *The Prophetic Vision of Merlin.* Arkana Books 1986.

lautet haben könnte: *Vollkommene Ausgewogenheit führt zu vollkommener Stagnation.*

R. J. Stewart fährt in *The Prophetic Vision of Merlin* wie folgt fort:

> *Die kürzeste Zusammenfassung der Initiation in die Anderwelt könnte also lauten: Ein Individuum wird auf magische Art und Weise in eine andere Welt versetzt, die der Ursprung von allem Leben, Tod und Macht ist. In dieser Anderwelt folgen bestimmte Ereignisse einer besonderen Abfolge, die ihren Höhepunkt in der Vision eines Baumes erreicht, dessen Früchte Weisheit und prophetische Sicht hervorrufen. Während seiner Reise tritt der Initiand in Verbindung mit den Ahnen – eine Tradition, die sich von den frühesten keltischen Wurzeln, dem Totenkult, ableitet. Schließlich gewährt die prophetische Vision eine Folge von Einsichten, von denen manche den Charakter einer Weissagung haben, während andere sich nicht in Worte fassen lassen.*[3]

Eine weitere eindrucksvolle Textstelle, welche die schamanische Initiation beschreibt, findet sich in Ward Rutherfords Abhandlung *The Druids – Magicians of the West* und lautet wie folgt:

> *Mehr als jeder andere kann der Schamane eine Berufung für sich geltend machen, d. h., nicht er wählt den Schamanismus, sondern dieser wählt ihn. Von einer Macht getrieben, der er nicht widerstehen kann, häufig in Gestalt einer Reihe von Träumen, zieht er sich von der Gesellschaft seiner Mitmenschen zurück, um in der Wildnis zu leben, wo er sich fastend und meditierend den seiner natürlichen Umgebung innewohnenden Kräften aussetzt.*
>
> *Bald wird er zum Opfer schrecklicher Heimsuchungen werden. Er mag selbst annehmen, viele Inkarnationen im Zeitraum weniger Nächte durchzumachen, die in einem*

[3] ebenda

furchtbaren Akt symbolischer Selbstopferung enden. Schließlich wird sich ein gänzlicher Stillstand einstellen, und der Schamane wird seine höchste Belohnung erlangen – die vollkommene Vereinigung mit dem Kosmos. Ebenso wie die Geister der Toten wird er sich von seinem Trauma erheben und in Verbindung mit »allen Geistern von Erde und Himmel und Meer« sein, um die Worte von Rasmussens Gewährsmann zu gebrauchen, der selbst ein Schamane war. Sie werden von nun an seine Führer und Helfer sein.

Auf diese Art und Weise wiedergeboren, werden seine ersten Gefährten andere Schamanen sein, die ihn als ihresgleichen anerkennen und ihn an ihren Geheimnissen teilhaben lassen – den Geheimnissen von Tier- und Pflanzenwelt, von Wind und Wetter, von den Sternen und ihrem Lauf, von Kräutern und ihrer Wirkung. Doch vor allem wird er die großen Mythen – die Geschichte seines Volks – erfahren.

Wenn er zu seinen Mitmenschen zurückkehrt, wahrscheinlich unter einem neuen Namen als Zeichen seiner Erneuerung, werden sie rasch erkennen, daß er zu einer anderen Person von besonderer Weisheit geworden ist. Eins mit der Natur und den Elementen, wird er nun vielleicht an einer entlegenen Stelle im Wald leben wollen. Hier wird man ihn aufsuchen müssen, um seinen Rat einzuholen.

Seine Vertrautheit und sein Einssein mit der Natur wird sich an seiner Kleidung zeigen: Wenn er mit Vogelgeistern in Verbindung treten möchte, wird er ein Vogelkleid tragen; um Tiergeister zu erreichen, wird er Tierhäute tragen oder sich mit Hörnern oder Geweihsprossen schmücken; wenn er die Geister von Bäumen oder Pflanzen sucht, wird er das Grün des Blattwerks oder die Farben von Blumen oder Früchten tragen. Er ist, so würde man sagen, zu einem »Zauberer« geworden – dieses Wort wird von den klassischen Autoren am häufigsten für die Beschreibung der Druiden verwendet.

Geheimhaltung war ebenfalls ein Grundsatz, den ein Schüler des Druidentums zu lernen hatte wie jedes Mitglied einer Mysterienschule. C. G. Jung hat in seiner bemerkenswerten Autobiographie *Erinnerungen, Träume, Gedanken* dazu folgende Feststellung gemacht:

> *»Es gibt kein besseres Mittel, das wohlgehütete Gefühl von Individualität zu verstärken, als der Besitz eines Geheimnisses, welches zu bewahren das Individuum verpflichtet ist. Dieser Besitz an Geheimnis hat mich damals stark geprägt. Ich sehe es als das Wesentliche meiner frühen Jugendjahre an, als etwas, das für mich höchst bedeutend war.«*[4]

Aus den walisischen Triaden erfahren wir weiterhin:

Drei Gründe, warum einem Druiden die Würde entzogen werden soll:
Wenn er einen Mord begeht oder Krieg führt
Wenn er die Unwahrheit sagt
Wenn er ein Geheimnis ausplaudert

Drei Dinge, die ein Barde nicht enthüllen sollte:
Nachteilige Wahrheiten
Die Schmach eines Freundes
Das geheime Wissen der Druiden

Drei Schlüssel zur druidischen Meisterschaft:
Zu wissen
Zu wagen
Zu schweigen

Daher wurde der Verstoß, ein druidisches Gelübde der Geheimhaltung zu brechen, mit dem Ausschluß aus dem Orden bestraft. Die Priesterschaft pflegte bewußt das Selbstbild der »Ursprünglichen Mystiker«. Durch die Atmosphäre von mystischer Geheimhaltung, in der sie sich bewegten, hinterlie-

---

[4] *Erinnerungen, Träume, Gedanken von C. G. Jung.* 8. Aufl., Olten (Walter-Verlag) 1992, S. 28.

ßen die Druiden überall, wo sie auftauchten, ein Gefühl von Ehrfurcht vor der Anderwelt. Diese Gruppe verstand nur allzugut die Bedeutung des mystischen Elementes ihrer Lehre, denn ohne dieses wird Religion transparent – und damit machtlos.

Von Synesius, einem Bischof zur Zeit des frühen Christentums, der gleichzeitig ein bedeutender Kabbalist war, sind die folgenden Äußerungen zum Thema »kirchlicher Mystizismus« überliefert, die eine auffallende Ähnlichkeit mit den Einsichten der Druiden aufweisen:

> *Das Volk wird immer über Dinge spotten, die leicht verständlich sind … Ein Geist, der die Weisheit liebt und Betrachtungen anstellt über die naheliegende Wahrheit, ist dazu gezwungen, diese zu verkleiden, damit die Menge sie akzeptieren kann. Das Volk braucht Geschichten, und für diejenigen, die nicht stark genug sind, die Wahrheit in all ihrem Glanz zu betrachten, wird sie sich tödlich auswirken … In der Tat, was kann es an Gemeinsamkeit zwischen dem einfachen Volk und höchster Weisheit geben? Die Wahrheit muß geheimgehalten werden, und die Massen brauchen eine Lehre, die ihrem unvollkommenen Verstand angepaßt ist.*

Obwohl Synesius einen hohen geistlichen Rang in der frühchristlichen Kirche einnahm, spiegelt sich doch in seinen Äußerungen eine gnostische Einstellung wider, die auch bei den Kuldeern und anderen Mysterienschulen des neueren, eher heidnischen Glaubens verbreitet war. Aus den von ihm genannten Gründen wird deutlich, warum die Druiden sich die Konzeption der Mysterienschule zu eigen machten – übrigens eine Institution, zu der auch ein griechisches und ägyptisches Gegenstück sowie die späteren Kuldeer und Gnostiker gehörten.

Als Kommentar von außen zum Thema der Geheimhaltung kann schließlich noch der römische Historiker Posidonius angeführt werden, der berichtete:

Die geheimen Lehrsysteme der Druiden konnten für viele Menschen vielerlei bedeuten; in ihren mystischen Aspekten waren sie jedoch die ausschließliche Domäne der Druiden, Barden und derjenigen, die mit oder unter ihnen studierten.

Der druidische Grundsatz *Große Macht liegt im Schweigen* ist einer von vielen heiligen keltischen Versen, in denen es um »Verschwiegenheit und Geheimhaltung« als Mittel zu magischer und persönlicher Ermächtigung geht. Die Menschen fürchten sich stets vor Dingen, die sie nicht begreifen. Es läßt sich also leicht erkennen, auf welche Weise ein solches Mittel der Priesterschaft ehrfurchtgebietende Macht verlieh.

Der Aufbau der Verse führt uns zu der druidischen Affinität zu Zahlen, insbesondere zu der Zahl Drei und ihren Ableitungen. Es gehört zu den bekanntesten Überresten altkeltischer esoterischer Praxis, Weisheit in dreizeilige Strophen zu fassen, die als Triaden oder walisisch *Trioedd Beirdd Ynys Prydain* bekannt sind. Dieses Phänomen zieht sich durch die gesamte keltische Kunst und Literatur und ist auch als das »Gesetz der Drei Ersuchen« bezeichnet worden. Die Druiden stellten ein Grundprinzip über alles, was sie aus der Beobachtung der Naturkräfte erschlossen hatten, es lautete: *Jede Manifestation vollzieht sich durch drei (Book of Pheryllt)* oder: *Alles Lernen findet in dreien statt (Barddas)*. Sie glaubten, daß die Manifestation des Mystischen aus der vollkommenen Vereinigung von drei ungleichen Teilen hervorgeht. Deshalb kreisten ihre Lehrmethoden um dreigliedrige Grundeinheiten: drei Hohe Suchen, dreijährige Zyklen, drei druidische Rangordnungen usw. Ihr geheimes Wissen faßten sie in triadischen Versen zusammen, was sowohl das Auswendiglernen erleichterte als auch der magischen Weitergabe diente. Nachfolgend zwölf Beispiele für Triaden aus dem faszinierenden *Barddas*, das aus derselben Quelle und Bibliothek wie das *Book of Pheryllt* stammt.

Drei Tugenden der Weisheit:
Aller Dinge gewahr zu sein
Alle Dinge zu ertragen
Von allen Dingen entfernt zu sein

Drei spirituelle Lehrer der Menschheit:
Meisterschaft über das Selbst
Meisterschaft über die Welt
Meisterschaft über das Unbekannte[5]

Drei Rechte eines britischen Druiden:
Zu bleiben, wo immer er hingeht
Daß in seiner Gegenwart keine blanke Waffe getragen wird
Daß sein Rat allen anderen vorgezogen wird

Drei Gesetze, denen ein lehrender Barde verpflichtet ist:
Daß er jeweils nur einen Schüler von einem Grad annimmt
Daß sich Männer, die singen, nicht Männern anschließen, die Instrumente spielen
Daß er es seinen Schülern nicht gestattet, Schüler anzunehmen

Drei Stellen am Körper eines Barden, an denen Blut entnommen werden darf:
An seiner Stirn
An seiner Brust
An seiner Leiste[6]

---

[5] Dieser Vers ist eine der zahlreichen Variationen zum Thema der »Drei Hohen Suchen der Meisterschaft«, das in der gesamten keltischen Literatur vorkommt. Gewöhnlich ist es nach dem Schema Vergangenheit–Gegenwart–Zukunft aufgebaut, das in der druidischen Überlieferung als die »Drei Alter des Menschen« bekannt ist.

[6] Im *Book of Pheryllt* gibt es einen Abschnitt, in dem diese drei Körperstellen als die drei Energiewirbel (»Quellen von Awen«) des Körpers bezeichnet werden. Dies ist eine Entsprechung zu der östlichen Theorie von den sieben Chakras. Im *Book of Pheryllt* wird das Zentrum in der Leisten-

Drei Dinge, die ein Mensch ist:
Was er selbst denkt, was er sei
Was andere denken, was er sei
Was er wirklich ist

Drei Dinge, die eine Wiedergeburt für den Menschen erforderlich machen:
Sein Versagen, Weisheit zu erlangen
Sein Versagen, Unabhängigkeit zu erreichen
Sein Festhalten an seinem niederen Selbst

Drei Dinge, die vor allem beherrscht werden müssen:
Die Hand
Die Zunge
Begierde

Drei Zeichen von Grausamkeit:
Unnötig ein Tier zu erschrecken
Unnötig eine Pflanze auszureißen oder einen Baum zu fällen
Unnötig um Vergünstigungen zu bitten

Drei Menschen, die Bewunderung verdienen:
Wer die Schönheit der Erde
Ein Kind
Ein großartiges Kunstwerk mit Liebe betrachtet

Drei Zeichen von Mitgefühl:
Das Klagen eines Kindes zu verstehen
Ein Tier nicht zu stören, das sich hinlegt
Fremden gegenüber freundlich zu sein

---

gegend mit den dunkleren, weiblichen, irdischen Energien und den drei dunkleren Spektralfarben Violett, Indigo und Blau gleichgesetzt. Die Brust entspricht dem Zentrum des Ausgleichenden und Androgynen und der Farbe Grün. Aus der Stirn strahlen die helleren, männlichen, himmlischen Energien und die drei helleren Farben Gelb, Orange und Rot.

Drei Dinge, die der Weise vermeidet:
Das Unmögliche zu erwarten
Über das Unwiederbringliche zu trauern
Das Unvermeidliche zu fürchten

Die Gesamtheit der druidischen Triaden, deren Zahl wohl in die Tausende geht, läßt sich in drei Gruppen aufgliedern: Triaden der Vorrechte und Bräuche, Triaden der Verehrung und Lied-Triaden. Außerdem wurde von den Schülern verlangt, eine große Anzahl (bis zu 20 000) einzeiliger Lehrsätze auswendig zu lernen, von denen zahlreiche Beispiele im Übungstext enthalten sind.

Doch nun zurück zum Umgang der Druiden mit Zahlen. Jede dualistische Philosophie reduziert sich auf zwei grundlegende Unterteilungen: gerade Zahlen, die durch 2 teilbar sind, wie 2, 4, 6, 8, 10, 12 usw., und ungerade Zahlen, die durch 3 teilbar sind, wie 3, 6, 9, 12 bis zu 33, 66, 99 usw. Die geraden Zahlen wurden stets den männlichen Kräften, d.h. der elementaren, konkreten und sichtbaren Welt zugeordnet, die ungeraden Zahlen hingegen den weiblichen Eigenschaften, also der ätherischen, gestaltlosen und verborgenen Welt.

Aus numerologischer Sicht kann die gesamte keltische Religion als ein fünffältiges monotheistisches System bezeichnet werden: die Dreifache Göttin und der Zweifache Gott von Licht und Dunkel, woraus sich die Zahl Fünf ergibt. Und doch ist alles die Widerspiegelung des »Einen, der im Jenseits weilt« und damit monotheistisch. Aufgrund dieser numerischen Schlußfolgerungen wurde der Apfel als »Frucht der Götter« angesehen: Wird er über die Breite in zwei Hälften geschnitten, so kommen fünf Kerne zum Vorschein, die in einen fünfzackigen Stern eingebettet sind – ein Symbol für die Götter, die unter *einem* Schutz vereint sind. Die Birne nahm innerhalb der Priesterschaft von Anglesey eine ähnliche symbolische Funktion ein.

Im Vergleich zu manchen der komplizierten Religionssysteme, wie sie in der heutigen Gesellschaft verbreitet sind, wirkt es wie eine Wohltat, daß sich die Essenz der druidischen Religion mühelos auf eine grundlegende Dualität zurückführen läßt. Für die Kelten war jede Form der Realität entweder eine direkte Widerspiegelung des Sonnenreiches (d. h. der männlichen, ausstrahlenden, aktiven Sphäre) oder des Mondreiches (d. h. der weiblichen, aufnehmenden, passiven Sphäre). Alle Erscheinungen, ob physisch oder mystisch, wurden unter dem Aspekt von männlich oder weiblich, hell oder dunkel gesehen, was an den östlichen Begriff von »Yin & Yang« erinnert. Dieser Kerngedanke hat viele Gelehrte dazu veranlaßt, bei den Kelten von einem dualistischen System zu sprechen.

Der Dualitätsbegriff findet seinen Niederschlag überall im Druidentum und in der gesamten keltischen Kultur. Die religiöse Gemeinschaft der Druiden wurde streng nach dem Geschlecht in zwei sogenannte »geschlechtsspezifische Systeme« und zwei geographische Zentren unterteilt, die beide auf einer Insel lagen: die Mutterschaft von Avalon (*Ynys Affalon*) und die Vaterschaft von Anglesey (*Ynys Môn*). Die Druiden hielten Spiritualität ihrem Wesen nach für eindeutig und streng zweifach gegliedert. Für die physische Welt galt das Gesetz: *Gegensätzliche Energien ziehen sich an*, für die geistige Welt: *Gleiche Kräfte ziehen sich an.*

Dieser Grundsatz findet seine Bestätigung auch heute noch in Aussprüchen wie: »Gleich und gleich gesellt sich gern« oder »Wasser sucht sich seinesgleichen« usw. Der römische Philosoph Mark Aurel hat diese Gesetzmäßigkeit mit den folgenden Worten ausgedrückt: *Dinge, die eine gemeinsame Qualität haben, suchen stets rasch nach ihrer Art.*

Die subtile Wahrheit, die hinter solchen Aussagen steckt, rief schließlich das hervor, was im *Book of Pheryllt* als die »Lehre von den Trennungen« bezeichnet wird. Diese Übereinkunft, die der Legende zufolge zwischen den religiösen Gruppierungen nach der Schlacht der Bäume (um 400 v. Chr.) getroffen wurde, legte fest, daß Kinder/Personen, die den Wunsch hatten, Priester oder Priesterinnen zu werden, für die Ausbildung zu ihresgleichen geschickt werden sollten: Jungen oder Männer nach Anglesey und Mädchen oder Frauen nach Avalon. Auch die Lehrsysteme unterschieden sich voneinander, da sie ebenfalls geschlechtsspezifisch waren, obwohl sie auf denselben Voraussetzungen beruhten: zwei Wege vom gleichen Ort aus, die in die gleiche Richtung führten – bei denen nur das methodische Vorgehen unterschiedlich war.

Da gleiche Energie am besten mit gleicher Energie arbeitete (und dies immer noch tut), bezog ernsthaftes magisches Ritual selten, wenn überhaupt, beide Geschlechter ein, wie es heute bei der *Wicca*-Praxis die Norm ist. Gareth Knight, ein wichtiger Autor der modernen Bewegung des »okkulten Wiederauflebens«, hat diesen Schlüsselbegriff in seinem Buch *The Secret Tradition of Arthurian Legend* scharfsichtig zur Sprache gebracht:

> *Magische Faktoren sind für beide Geschlechter unterschiedlich. Es existiert eine besondere Leblosigkeit, die physisch an einer »unerfüllten Frau« feststellbar ist. Dies erklärt sich daraus, daß das Unvermögen, den Kreislauf der Kraft durch die Aura zu vervollständigen, zu magnetischer Stagnation führt, was bei Männern nicht auftritt. Beim Mann kommt es zu einer Anstauung von Kraft, wenn kein Kreislauf für den Energiefluß gefunden werden kann. Beim Mann wird sich der Überschuß durch die niederen Zentren in irgendeiner ihn stark beanspruchenden Beschäftigung äußern, die körperlich oder geistig sein kann. Bei einer Frau werden diese Kräfte niemals auf eine solche Weise nach unten gelangen.*

Diese Textstelle illustriert sehr gut die verschiedenen Energiestrukturen bei Männern und Frauen und damit den Impuls, der dahinterstand, zwei getrennte Systeme der spirituellen Entwicklung auszubilden. In einem System, das die Geschlechter vermischt, fließt die Energie in der Tat nach den Gesetzen der *physischen Anziehung* – doch vom Standpunkt der *spirituellen Wechselwirkung* her gesehen, nach dem Gleiches und Gleiches sich anziehen, ist dieser Energiefluß häufig zerstörerisch und verzerrend. Männer verkörpern ausdehnende Energie,

Frauen dagegen zusammenziehende oder aufnehmende Energie. Die Energie bewegt sich demnach vom Männlichen zum Weiblichen und kommt hier zum Stillstand; eine Rückkehr zum Männlichen, also ein Kreislauf, findet nicht statt. Dieser Umstand ist unter Okkultisten als »zerstörende Interferenz« bekannt und tritt nicht bei Ritualen auf, an denen nur Personen des gleichen Geschlechts beteiligt sind; hierbei werden Energien derselben Art aufgebaut und dann in einem gemeinsamen Konzentrationspunkt zusammengeführt. Sir James G. Frazer hat in seiner Abhandlung über *Sympathetische Magie* dieses Prinzip das *Gesetz der Ähnlichkeit* genannt und daraus geschlossen, daß in der Magie Gleiches wieder Gleiches hervorbringt.

Allein schon diese Erkenntnis unterscheidet das heute allgemein verbreitete Heldentum, das nicht zwischen den Geschlechtern trennt und dazu neigt, menschliche Energien lediglich als »magnetische Pole« anzusehen, von dem authentischen Druidentum, das sich an genauere Vorschriften hielt, die auf wahrnehmbaren psychischen Gesetzmäßigkeiten beruhten. In der modernen heidnischen Bewegung sind Gruppen, denen Männer und Frauen angehören, die Norm – häufig nur, weil Männer sich zusammen mit anderen Männern nicht wohl fühlen und dies für »unmännlich« halten. Solche kulturellen Klischees wirken sich sehr erschwerend auf die Arbeit von ausschließlich gleichgeschlechtlichen Gruppen aus, da die Strukturen von männlich/weiblich, oberflächlich betrachtet, durch die soziale Konditionierung von Geburt an bequemer sind. In diesem Punkt hat die Gesellschaft dem »Magier auf der Suche« in der Tat einen Rückschlag versetzt.

Die Druiden waren Wissenschaftler sowohl der sichtbaren als auch der unsichtbaren Welt, und sie wußten, daß jede der beiden Welten von bestimmten Gesetzmäßigkeiten beherrscht wird – ja, mehr noch, daß sich diese Welten ebenso wie ihre Gesetzmäßigkeiten voneinander unterscheiden. Ein Beispiel für diese Anschauung sind die beiden Gehirnhälften, »von denen jede für einander entgegengesetzte Funktionen bestimmt ist, wobei keine das Ganze ausmacht, beide jedoch dazu beitragen«, wie Dr. Jason Golden es 1988 formuliert hat. Im gleichen Artikel erwähnt er im Versuchslabor bestätigte Fakten, nach denen die Physiologie von Männern unmittelbar auf die *Sonnenzyklen* reagiert, während die weibliche Physiologie den *Mondphasen* folgt. Zweifellos hätten die Druiden zu den ersten gehört, die eine solche wissenschaftliche Bestätigung dieser Grundprinzipien freudig begrüßt hätten. Zumal es sich dabei um Grundprinzipien handelt, die von Mystikern wie sie selbst, die es wagten, über die engen Begrenzungen der »normalen« menschlichen Sexualität hinauszublicken und das anzuwenden, was sie dort entdeckten, schon lange vertreten wurden. Selbst die frühchristliche Kirche schien die Vorzüge eines nach Geschlechtern getrennten spirituellen Lebens für all jene zu schätzen, die dazu »berufen« waren.

Eine weitere Erscheinungsform für das nutzbringende Prinzip der Wechselwirkung von gleichgerichteter Energie ist die *Homöopathie*, die Krankheiten nach dem Grundsatz »Gleiches heilt Gleiches« behandelt.

Die Druiden, die sich darauf verstanden, aus der Beobachtung natürlicher Gesetzmäßigkeiten spirituelle Lehren abzuleiten, hätten mühelos die Ähnlichkeit zwischen geschlechtsspezifischer Magie und der Wirkung von Stimmgabeln aufzeigen können.

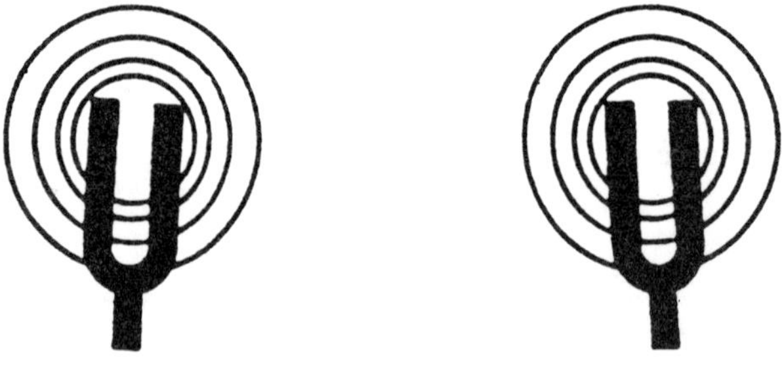

Stimmgabeln, die auf dieselbe Tonhöhe eingestimmt sind, weisen eine natürliche Eigenart auf, die als *sympathetische Schwingung* bezeichnet wird. Dies bedeutet, daß, wenn eine

Stimmgabel angeschlagen wird, eine andere Stimmgabel mit derselben Tonhöhe ohne irgendeine direkte Berührung ebenfalls in Schwingung versetzt wird, selbst wenn sie sich in einer anderen Ecke des Raumes befindet. Wir können daraus, als Beweis für den druidischen Standpunkt zu einer geschlechtsspezifischen spirituellen Arbeit, sehr viel lernen. Wie wir bereits gesehen haben, erklären die alten physikalischen Gesetze, daß *gleiche* Kräfte sich anziehen, und somit handelt es sich hier um eine Widerspiegelung jener alten Wahrheit der klassischen Physik, wonach zwischen zwei Kräften nur dann eine Wechselwirkung entstehen kann, wenn sie in ihrer Energiestruktur genau übereinstimmen. Wenn wir diese Parallele in die druidische Perspektive ausweiten, verkörpern Männer und Frauen die beiden ursprünglichen Grundtöne der Schöpfung, aber *verschiedene* Töne. Aus spiritueller Sicht könnte eine Frau einem männlichen Schüler keine wirklich tiefgreifenden esoterischen Wahrheiten vermitteln – alles bliebe an der Oberfläche und würde nicht tief im Innern auf eine Resonanz stoßen. »Religiöse Wahrheit«, so heißt es im *Book of Pheryllt*, »breitet sich aus wie die Wellenbewegungen auf einem Teich und spiegelt sich in einer großartigen Reflexion des Universums droben.« Diese Analogie der Stimmgabeln ist eine derartige Reflexion.

Auch der bekannte Psychologe und Gnostiker C. G. Jung war sich über solche Prinzipien im klaren, als er in seinen *Sieben Reden an die Toten* schrieb:

> *Mann und Weib werden an einander zum Teufel, wenn sie ihre geistigen Wege nicht trennen, denn das Wesen der Creatur ist Unterschiedenheit.*[7]

Die Druiden stellten zwei Entwicklungsstadien des Menschen über alle anderen: die frühe Jugend und das hohe Alter – das »erleuchtete Kind« und den »runzlig und weise gewordenen

---

[7] aus den »Sieben Reden an die Toten«, in: *Erinnerungen, Träume, Gedanken von C. G. Jung*, S. 396 (siehe Anm. 4).

alten Greis«. Ich glaube, daß dieses Phänomen wohl durch die physiologische Natur des Menschen bedingt ist, oder korrekter, durch sein Hormonsystem. Nur in der frühen Jugend und im Alter ist der Hormonspiegel im Blut so niedrig, daß er eine Klarheit des Denkens und eine psychische Wahrnehmung ermöglicht, die bei einem Jugendlichen oder Erwachsenen in mittlerem Lebensalter nicht ohne weiteres erreicht oder aufrechterhalten werden kann. »Kinder und (alte) Narren sagen die Wahrheit«, lautet eine Redensart, die in dieser oder ähnlicher Form in zahlreichen Kulturen auf der ganzen Welt verbreitet ist. Es ist einfach, die Gründe dafür zu nennen: Diese beiden Lebensabschnitte sind weitgehend frei von der übermächtigen Inanspruchnahme durch die Sexualität.

Das »erleuchtete Kind« ist über sein Alter hinaus mit erhöhtem Gewahrsein und spirituellen Erkenntnissen begabt. Am anderen Ende der Skala steht der oder die »weise gewordene Alte«. Die Vorstellung vom machtvollen und wunderlichen Weisen, der abgeschieden auf einem Berg, in einer Höhle oder tief im Wald lebt, ist in allen Kulturen der Welt zu einem archetypischen Bild geworden. Wie ist es möglich, daß das hohe Alter, das oft von Schwäche und Entkräftung geprägt ist, ebenso zu übermenschlicher Kraft und Autorität führen kann? Dieses Phänomen erklärt sich nicht nur durch die Anzahl und Erfahrung der Jahre allein. Ich bin der Ansicht, daß selbstgewählte Enthaltsamkeit bis ins Alter die Lebenskraft ansammelt und aufbaut, so daß anstelle eines gebrechlichen Greises ein kraftvoller Weiser daraus hervorgeht. Beispiele dafür sind in jeder Kultur zu finden, die druidische eingeschlossen. Lebenslange Disziplin hat auch eine erhöhte Bewußtheit zur Folge, die in Verbindung mit dem Alter zu dem magischen Lebensstil eines Weisen »am äußersten Rand der Realität« führen kann. In seinem köstlichen Werk *Das Buch Merlin* bemerkt T. H. White dazu: »Die einzige Möglichkeit, einen wahren Magier zu begreifen, liegt darin, den Versuch aufzugeben.«

Aus den genannten Gründen haben die Druiden, deren Lebensziel darin bestand, einen »übermenschlichen« Zustand zu erlangen, nicht geheiratet. Im sechsten Kapitel des *Book of*

Pheryllt wird ausdrücklich erklärt, daß eine Ehe nur den »unteren Klassen« des Druidentums erlaubt war, niemals aber den Druiden, die dem inneren Kern der Priesterschaft angehörten. Als dieser reine Stand des Druidentums im Laufe des Mittelalters in Verfall geriet, heirateten Barden, wen immer sie wollten, und die sexuellen Maßstäbe, die auf den Grundgesetzen der Wirkung und Wechselwirkung von Energie beruhten, wurden nicht mehr beachtet. Die christliche Kirche ermunterte ihre Anhänger im Rahmen der Ehe dazu, für Nachwuchs zu sorgen, und mißbilligte eine Geburtenkontrolle. Das Überleben der matriarchalischen Linie des Druidentums von Avalon bis zur *Wicca*-Bewegung trug zu dieser Entwicklung bei, denn von der Mutterschaft wurde Enthaltsamkeit nicht über das jugendliche Alter der Jungfräulichkeit hinaus befürwortet. Es gab also erhebliche Unterschiede zwischen den frühen druidischen und den späteren christianisierten Lehren.

Außer durch die Mutterschaft und ihre Entwicklung zur *Wicca*-Bewegung sind die Druiden auch durch ihren religiösen Leitsatz Y GWIR YN ERBYN BYD in Erinnerung geblieben. Dieser bedeutet übersetzt »die Wahrheit *gegen* die Welt«. Das Schlüsselwort »gegen« ist ausschließlich dazu bestimmt, den Unterschied zwischen weltlicher, von Kultur und Gesellschaft geprägter Wahrheit und individueller Wahrheit zu veranschaulichen.

Der Begriff »Wahrheit« war für die Druiden von äußerster Wichtigkeit. Eine große Anzahl erhalten gebliebener Triaden und Lehrsätze hat dieses Ideal in unterschiedlichem Zusammenhang zum Thema. Insbesondere das dritte Kapitel des *Book of Pheryllt* beschäftigt sich mit diesem Begriff. Hier wird betont, daß die Priesterschaft keine allgemeingültige »objektive« Sicht von Wahrheit vertrat, sondern vielmehr behauptete, daß sich diese von Individuum zu Individuum, von Kultur zu Kultur unterscheidet, so wie sich das Bewußtsein und damit auch das Gewissen der Menschen unterscheidet.

Das Gewissen ist das Auge Gottes im Herzen des Menschen, lautet ein Zitat aus derselben Quelle. Die Druiden glaubten, wenn man dem eigenen Gewissen, also der eigenen inneren Stimme folge, statt nur auf das zu hören, was man hören will, so würde dies zu einem göttlichen Zustand der Gewißheit führen, der als *rechtes Handeln* bekannt war – ein Ideal, das auch von den griechischen Schulen des Sokrates und Pythagoras heiliggehalten wurde. Die Lehre vom rechten Handeln schloß die »objektive individuelle Wahrheit« ein, die dadurch erlangt werden kann, daß man in angemessener Weise seinem Gewissen folgt und imstande ist, den eigenen wahren Weg des Schicksals zu entdecken. Dieser Gedanke schlug sich später in den gnostischen Schulen des Mittelalters nieder und findet seinen Ausdruck in der lateinischen Wendung *Carpe diem*, was »Nutze den Tag« bedeutet, d. h., das Leben voll und ganz auszuschöpfen und von Tag zu Tag den bestmöglichen Gebrauch von den eigenen Erfahrungen und Energien zu machen.

Es sind trotz der Unterdrückung der Druiden und ihres geheimen Wissens durch die christliche Kirche, die auch nach dem Fall von Avalon im Jahre 563 n. Chr. von der Verfolgung nicht abließ, noch Überreste der keltisch-druidischen Kultur erhalten geblieben. Päpste und Bischöfe beriefen sich dabei oft auf die Vorurteile der römischen Autoren gegen die Druiden und machten sich vor allem zwei Themen zunutze: das *Opfer* (wobei sie aus zweckdienlichen Gründen die Tatsache übersahen, daß bei den jüdischen Gründungsvätern des Christentums Menschenopfer an den Gott Jehova gebräuchlich waren) und die *polytheistische Götterverehrung*. Letzteres ist besonders interessant, da die Katholiken selbst eifrig zu vielen Heiligen beteten, die lediglich christianisierte Formen ehemals heidnisch-keltischer Gottheiten waren. Zu den von Religionsforschern anerkannten Beispielen gehören:

St. Anna = die keltische Wassergöttin Ana oder Anu
St. Brigid = die keltische Feuergöttin Brigit
St. Brendan = der keltische Gott Bran »der Gesegnete«
St. Corneille = der keltische Waldgott Kernunnos.

Es ließen sich noch zahlreiche andere Beispiele finden. Ein besonders interessantes Phänomen ist der »hl. Corneille«. Der gehörnte wilde Gott des grünen Waldes war niemals als Person bekannt und ist tatsächlich der gleiche pferdefüßige, geweihtragende Gott, nach dessen Vorbild die Kirche später ihr »Teufelsbild« gestaltete – und damit aus einem kanonisierten Heiligen und ihrem eigenen Luzifer ein und dieselbe Gestalt machte.

Was den Vorwurf des Opfers betrifft, so war es eine anerkannte Tatsache, daß die Priesterschaft Tieropfer leitete, um die Gunst der Götter zu gewinnen, wobei der »Weiße Bulle« einen besonderen Fall darstellte. Doch nur aus Gallien, der heutigen Bretagne, wird von Menschenopfern berichtet. In Irland dagegen hat dieses Phänomen nie existiert – abgesehen davon, daß es von einigen wenigen, wie dem hl. Patrick, angeführt wurde, um den druidischen Orden auszulöschen – mit scheinbar guten, moralisch klingenden Argumenten.

Wir wollen uns hier jedoch auf den britischen Zweig des Druidentums beschränken. Ungeachtet der Vielzahl unterschiedlicher geographischer Varianten des Druidentums, die von den klassischen Autoren angeführt werden, galt Britannien zweifelsohne als das Mutterland des gesamten druidischen Systems. Dazu ein Zitat von Julius Cäsar über die gallischen Druiden:

> *Man glaubt, daß ihre »disciplina« in Britannien entdeckt und nach Gallien hinübergebracht wurde; und heute reisen all jene, die sich tiefgehender damit beschäftigen wollen, in der Regel nach Albion.*

Als wolle er in der Diskussion um die Herkunft der Druiden einen Schlußpunkt setzen, erklärte William Blake in seinem Werk *Jerusalem*: »Alle Dinge beginnen und enden an Albions alter druidischer Felsküste.«

Was hat es mit Britannien auf sich, das die Phantasie der Menschheit zu allen Zeiten derart gefesselt hat und dies auch heute noch tut? Manche glauben, daß die Insel einen einzigartigen geographischen Standort auf der Erde einnimmt, wo viele *ley-lines* oder kraftvolle magnetische Erdströme unterirdisch verlaufen und zusammentreffen, das Land selbst also zu einem leichten Zugangsort in die Anderwelt wird. Dieser Gedanke könnte eine gute Erklärung dafür sein, warum ein hochentwickeltes religiöses System wie das der Druiden nirgendwo anders als in Britannien zur Blüte gelangte. Von manchen wird die Theorie vertreten, daß druidisches Wissen von den Überlebenden des Kataklysmus, bei dem vor 11 000 Jahren der untergegangene Kontinent Atlantis versank, an die Küste Britanniens gebracht wurde. In diesem Zusammenhang möchte ich darauf hinweisen, daß auf genau diesen Gedanken sowohl im *Book of Pheryllt* als auch in den walisischen *Arthurian Chronicles* angespielt wird.

Welche Erklärung auch immer den Tatsachen entspricht, eines scheint klar zu sein: Die Druiden hatten genaue Kenntnis von der einzigartigen energetischen Atmosphäre, die durch die »Drachenlinien« in Britannien entstanden war, und machten sich diese innerhalb ihrer Einrichtungen zunutze. Die Tatsache, daß Stonehenge in der Überlieferung immer mit Merlyn und den Druiden in Verbindung gebracht worden ist, deutet wiederum auf die Existenz eines »unsichtbaren Energiezentrums« der Erde hin. Während seit langem bekannt ist, daß die Druiden selbst weder den *Henge* noch – von kleineren Steinkreisen einmal abgesehen – irgendwelche anderen großen Monumente errichteten, gibt es genügend Zeugnisse dafür, daß sie die außergewöhnlichen Energiepotentiale solcher Bezirke würdigten und entsprechend nutzten. Die Priesterschaft vertrat die Ansicht, daß eine Gottheit nicht in einem Bauwerk verehrt werden könne, das von Menschenhand errichtet worden sei. Nur Orte der Zurückgezogenheit und wilden Schönheit, allein durch die »Hände von Mutter Natur« geschaffen, waren dafür geeignet.

Daher hielten die Druiden ihre Riten in heiligen Hainen an entlegenen Orten ab, die sie *Nemeton* nannten. Die Tatsache, daß sie sich der astronomischen Ausrichtung zahlreicher monolithischer Monumente, die sie aufsuchten, bewußt waren, ist durch viele zeitgenössische Autoren gut dokumentiert. Dies weist ferner auf das Wissen der Druiden um verborgene Kräfte hin, die erst in den letzten Jahren öffentliche Beachtung und Anerkennung gefunden haben. Bei dem Historiker und esoterischen Schriftsteller Nicolai Tolstoy lesen wir über die Bedeutung von Stonehenge zur Zeit von Arthur:

> *Ich für meinen Teil zögere nicht, daraus zu folgern, daß Stonehenge der traditionelle »Omphalos« (griech. »Heiliger Nabel«) Britanniens war; daß es noch im fünften Jahrhundert als ein Ort von einzigartiger Heiligkeit angesehen wurde, der einen ganz besonderen Zugang zur Anderswelt hatte ...*[8]

Solche »Zugangsorte« waren sowohl für die Druiden selbst als auch für die Schüler, die ihre Lehrsysteme anwendeten, von höchstem Interesse, denn für sie war die nicht-physische Anderwelt genauso real und greifbar wie die physische Welt. Zudem standen beide in unaufhörlicher Beziehung zueinander. Viele Schriftsteller, die nicht alle aufgeführt werden können, haben die Kelten als Menschen der »Dämmerung« oder des »Zwielichts« beschrieben – ein überaus passender Begriff, weil offenbar sowohl das Volk als auch seine Priester die fließenden Zwischenzustände der Welt besonders achteten und sie für eine Hervorbringung der Geisterreiche und ein direktes Eingangstor zu diesen hielten.

Dinge, die waren und doch nicht waren, übten eine starke Faszination auf die Kelten aus und sind in ihrer gesamten Kunst, Literatur, Musik und Religion in großer Vielfalt zu finden. Zu den Beispielen für solch mystische Elemente gehören:

> *die heilige Mistel*, die auf einer Eiche wächst – die eine Pflanze und doch keine Pflanze ist, da sie ihre Lebenskraft aus der Substanz des Königs der Bäume zieht

---

[8] siehe Anm. 1, S. 177.

Kristall/Glas, das sichtbar und doch transparent ist, wie einst der Tor von Glastonbury (was »glasähnlicher Ort« bedeutet; der alte Name lautete *Ynys Wytrin* oder »Glasinsel«), der lange Zeit als Zugangsort zur Anderwelt galt

Nebel, Tau, Dunst und Wolken – Wasser, das kein Wasser ist

die Zeiten der Morgen- und Abenddämmerung, Mitternacht, Sonnen- und Mondfinsternis – jene Augenblicke zwischen Licht und Dunkel, die keinem von beiden angehören

der geheimnisvolle Pilz – eine verehrte Nahrung der Götter, die weder Pflanze noch Mineral ist.

Das deutlichste Beispiel für diese Form der druidischen Verehrung scheint jedoch ihre Hochachtung für den »sechsten Tag des Neumondes« als beste Zeit für die magische Arbeit zu sein. Hier stellt sich natürlich die Frage: Warum der sechste Tag anstelle der weitaus einleuchtenderen Wahl der Phasen von Vollmond oder Neumond? Unter dem Aspekt der »keltischen Verehrung der Dämmerung« betrachtet, ist die Antwort denkbar einfach. Der »sechste Tag« als das erste Viertel des zunehmenden Mondes war für die Druiden die Phase *zwischen* Neumond und Vollmond – und damit sozusagen die »Zwielicht-Phase des Mondes«. Nicht nur im *Book of Pheryllt* wird auf diesen mystischen Zeitpunkt hingewiesen. Er wird auch von dem römischen Historiker Plinius erwähnt, der dazu bemerkte:

Selten wurde die Mistel auf einer Eiche wachsend gefunden, doch bei einer solchen Gelegenheit sammelten die Druiden sie, von einer gebührenden religiösen Zeremonie begleitet, wenn möglich am sechsten Tag des Neumondes, wenn der Einfluß des Gestirns zunahm und, wie es hieß, seinen Höhepunkt erreicht hatte. Im Anschluß an ein in allen Einzelheiten geplantes Festessen schnitt ein weißgekleideter Priester die Pflanze mit einer goldenen Sichel von dem Eichenbaum, während ein anderer Druide unter dem Baum einen weißen Umhang aufhielt, um sie aufzufangen. Die Druiden glaubten, daß die Mistel, wenn sie in einen Tiegel mit Wasser getaucht wurde, unfruchtbaren Tieren Fruchtbarkeit verleihe und daß sie das Gegenmittel für Gifte aller Art sei – ihr Name hatte die Bedeutung »Allheil-Kraut«.

Selbst die Festtage, welche die Druiden über das natürliche Kalenderjahr verstreut feierten, fielen in solche Zwischenzeiten. Es waren die Tage der größten Ungleichheit oder Unausgewogenheit im Jahreszeitenkreuz – Tage, an denen die polarisierte Trennung nicht aufrechterhalten, sondern aufgehoben wurde. Die Druiden wußten, daß solche »unausgeglichenen Zeiten« geeigneter waren, Bewußtseinsveränderung (und damit den Zugang zur Anderwelt) hervorzurufen als die »ausgewogenen Zeiten« der Frühlings- und Herbst-Tagundnachtgleiche, die beide Teile des Pols in sich vereinigten. Deshalb wurde den folgenden Tagen besondere Verehrung entgegengebracht:

Sommersonnwende: der Tag der größten Mond/Nacht-Unausgewogenheit
Wintersonnwende: der Tag der größten Sonnen/Tag-Unausgewogenheit
Beltane (Vorabend des Maitages): die Nacht, die den Beginn des Sommers/der lichten Jahreshälfte markiert
Samhain (November-Vorabend): die Nacht, die den Beginn des Winters/der dunklen Jahreshälfte markiert.

Die nachfolgende Darstellung illustriert diese Vorstellung der »astronomischen Asymmetrie« zwischen Himmel und Erde. Dabei ist zu beachten, daß die Umlaufbahn der Erde eine Ellipse und keinen vollkommenen Kreis bildet. Durch diese Abweichung wird die asymmetrische Polarisierung der jahreszeitlichen Energien hervorgerufen.

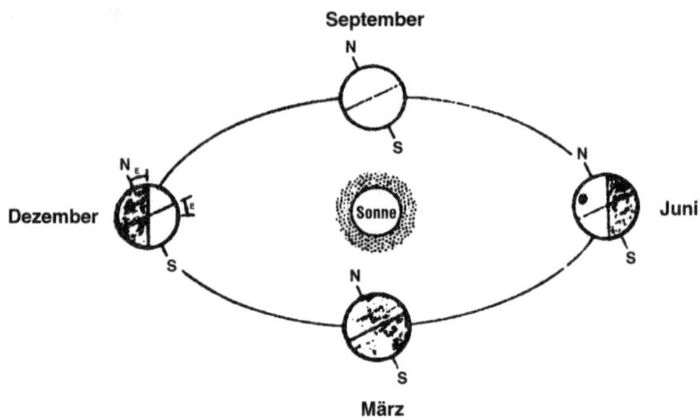

Da sie einen direkten Zugang zur Anderwelt ermöglichen, waren diese Zeiten für die britischen Druiden hohe Festtage, an denen überall im Land sogenannte »Notfeuer« auf den Bergspitzen errichtet wurden. Solche Feuer dienten zum einen dazu, die Energie der Sonne, der großen Lebensspenderin, in ihrer Fülle zu verstärken. Man wollte so ihre Energie in Übereinstimmung mit dem Gesetz *Gleiche Energie zieht gleiche Ener-*

gie an nach unten ziehen. Zum anderen glaubten die Druiden, dadurch die elementare Eigenschaft des Feuers nutzen zu können: seine Umwandlung bewirkende Kraft und seine Fähigkeit, Materie von einer Energieebene zur nächsten zu verändern.

Das Thema der Anderwelt steht im Zusammenhang mit einem Begriff, der für die druidische Religion – und für Religion allgemein – von größter Bedeutung ist: die *universellen Archetypen.* Sie wurden von dem bekannten Psychologen und Mystiker C. G. Jung in zahlreichen seiner Werke angeführt und erforscht. Besonders die gnostische Abhandlung *Septem Sermones ad Mortuos* oder »Die sieben Reden an die Toten« ist in diesem Zusammenhang zu empfehlen. Zwischen Jungs »empirischem Gnostizismus« und der druidischen Lehre existieren enge Verbindungen. Neben der Unvorstellbarkeit Gottes und dem Gedanken der Unendlichkeit hat Jung auch die Aufteilung des Umfeldes oder der Wahrnehmungswelt des Menschen in Licht und Dunkel aufgegriffen und betont, daß der Weg zu wahrem Wachstum »in der Natur von getrennten Wesen ... verschiedenartiger Entwicklung« liege.

Zur Begriffsklärung: Ein Archetyp ist im wesentlichen eine Erinnerung, die weiterbesteht, nachdem das Individuum oder die Gruppe, die sie hervorgebracht hat, nicht mehr existiert. Einige Autoren haben dafür den Begriff »Gruppengedächtnis« geprägt, während Jung selbst die Welt der Archetypen beschrieben hat als »ein übriggebliebenes Meer von Symbolen, an dem die ganze Menschheit teilhat, zu dem man gewöhnlich Zugang durch Träume oder veränderte Bewußtseinszustände erlangt und aus dem Kulturen Bilder beziehen, auf denen sich ihre Religionen gründen«. Ihren Ursprung haben diese Symbole einer »universellen Bildersprache« im Menschen selbst und seiner Entwicklungsgeschichte. Jede Kultur hinterläßt die »Eindrücke« ihrer heiligsten Symbole, die durch starke Emotion oder Hingabe am meisten aufgeladen sind – ihre Gottesformen und ihre lebendige Mythologie.

Auch lange nach dem Untergang einer Kultur bleiben diese archetypischen Bilder unversehrt, wenn auch im verborgenen schlummernd, erhalten. Durch in visuelle Vorstellungskraft gelenkte Willensenergie können sie wieder wachgerufen werden. Mit anderen Worten: Die großartige Kultur der Kelten und Druiden ruht sicher geborgen unter den Wogen des Jungschen Meeres der Archetypen und wartet nur darauf, erschlossen zu werden. Vielleicht spülen die Zyklen der Gezeiten viele Seelen an die Küste zurück, die einst an dieser kostbaren Welt teilhatten und noch immer auf nicht-körperliche Weise mit ihr verbunden sind. Wenn ein Individuum mit einem solchen Bezug oder eine Gruppe die Verbindung zu diesem reichen Erbe wiederherstellen würde, könnte fruchtbarer Boden geschaffen werden, um alte Fragen zu lösen und zu neuen Ufern zu gelangen.

> *Innerhalb der vollkommenen Symmetrie eines Kreises ist die Wesensessenz des Universums enthalten. Sei bestrebt, davon zu lernen ... um jene Ordnung widerzuspiegeln.*
>
> XXI. Stanze Merlyns

Diese Aussage, die Merlyn zugeschrieben wird und im frühen 12. Jahrhundert niedergeschrieben wurde, verdeutlicht sehr schön die Bewußtheit und Achtung der Kelten für die Zyklen der Natur. Wir wissen aus Hinweisen sowohl im *Pheryllt*-Material als auch aus anderen historischen Quellen, daß sich das magische System der Druiden um eine Widerspiegelung der Kreisläufe drehte, die in der Natur deutlich sichtbar sind. Zu den wichtigsten von diesen gehören: der Kreislauf von Tod und Wiedergeburt; die jahreszeitlichen Zyklen, bedingt durch die Erdumdrehung; die kreisförmigen Bewegungen von Sonne, Mond, Planeten und Sternbildern; Ebbe und Flut, die Gezeiten des Meeres, und die Wanderung von Zugvögeln und anderen Tieren.

Im Zusammenhang mit diesen Zyklen taucht in der keltischen Kultur mit großer Regelmäßigkeit die graphische Darstellung der *Spirale* auf, die in das keltische Symbol des Dreifachen Rades, der *Triskele*, Eingang fand. Es veranschaulicht in vollkommener Weise die zyklische Bewegung innerhalb der Welt der Form, die sich fortwährend nach außen entfaltet und entwickelt und stets wieder zu demselbem Punkt – doch auf einer etwas höheren Ebene – zurückkehrt: die Wiedergeburt. Die folgenden Zeilen beschreiben gut die Wesensessenz dieses Glaubens:

Ich starb als Mineral und wurde Pflanze.
Als Pflanze starb ich und wurde Tier.
Ich starb als Tier und wurde Mensch.
Warum also fürchten, im Tod zu Nichts zu werden?
Bei meinem nächsten Tod werde ich
Schwingen hervorbringen und Federn wie Engel;
Dann, mich höher aufschwingend als Engel –
Was Ihr nicht erdenken könnt,
Ich werde es sein.

Rumi, *Mathnawi*

Natürlich war dieser Prozeß mit der druidischen Lehre der Reinkarnation oder der »Seelenwanderung«, wie die Druiden sie zu nennen pflegten, verbunden. Von vielen zeitgenössischen Schriftstellern ist dokumentiert, daß diese Vorstellung über allen anderen stand. Dies wird auch durch eine Stanze aus dem *Gorchan of Maeldrew* belegt:

Jedes Atom ist ein sich entwickelndes Leben,
jeder Grashalm eine potentielle Seele.

Die folgenden Gedankengänge sind eine freie Wiedergabe nach dem *Book of Pheryllt.* Die druidische Philosophie über den

Ursprung der Seelen läßt sich in dem Lehrsatz zusammenfassen »Neue Lebensfunken entstehen immer als Ausstrahlungen von *Ceugant*«, dem »Reich der Unendlichkeit«. Dies war ein System der spirituellen Evolution, die mit ihrem Gegensatz, der »physischen Evolution«, vollkommen übereinstimmte. Beide Formen entwickeln sich mit der Zeit als Folge von Lernen/Enthüllung und Erfahrung. Die Druiden glaubten, daß alles Bewußtsein im wesentlichen dasselbe sei – lediglich getrennt durch den Unterschied an gesammelter Erfahrung. Dies besagt, daß zu irgendeinem Zeitpunkt in ihrer Vergangenheit die Menschen alle weniger kompliziert gewesen sind. Die Seele einer Katze oder eines Baumes unterscheidet sich beispielsweise *ihrer Art nach* wenig von unserer eigenen, sondern nur durch ihre Komplexität und Konzentration, die sie im Laufe aufeinanderfolgender Lebenszyklen erlangt hat. Alle (Entwicklungsgrade von) Seelen sind von unendlicher Dauer, und alle befinden sich in dem Prozeß, sich über die Grenzen der Erfahrung ihres gegenwärtigen Daseins zur jenseitigen Welt hin auszudehnen. Alle Seelen entwickeln sich durch diese Wirkungsweise der Zyklen, dem höchsten Gesetz der gesamten Natur. Wenn eine Seele auf einer bestimmten Stufe von den Erfahrungen gesättigt ist, die jene Lebensform ihr bietet, findet eine Bewegung zu einer anderen, höheren Stufe statt. Ein Rückschritt ist unmöglich.

Die Druiden glaubten auch implizit, daß das Wissen um frühere Leben eine notwendige Vorbedingung für die gegenwärtige und zukünftige Entwicklung sei, was deutlich aus *Merlyns Vermächtnis* hervorgeht. Nachstehend ist die symbolische Darstellung der bekannten wie der unbekannten Existenz abgebildet, um zu illustrieren, welch wichtige Rolle die Kreisform innerhalb der druidischen Lehre spielte. Die Graphik ist dem *Barddas* entnommen.

Damit ihre Lehren über bloße, vom Menschen erdachte Vorstellungen hinaus Gültigkeit erhielten, waren die Druiden sorgsam darauf bedacht, diese auf Gesetzmäßigkeiten zu begründen, die sie mühelos in den sie umgebenden Naturreichen beobachten konnten und, wie durch göttliche Nachahmung, zur Bestätigung heranzogen. Für sie waren kleine Dinge – eine Blume, ein Kieselstein, eine Schneeflocke, der Weg, dem ein Salm im Wasser folgt – Widerspiegelungen der Großen Kosmischen Ordnung, Einblicke in den Göttlichen Geist, und verdienten daher, erforscht, in Ehren gehalten und nachgeahmt zu werden.

Die Bedeutung der Bäume kann als weiteres gutes Beispiel angeführt werden. Die Druiden sahen sie als ein besonderes Natursymbol an, das Himmel und Erde verbindet: Die Blätter und Zweige fangen die Energie der Sonne, des großen Himmelsherrschers, ein und geben sie durch den Stamm nach unten weiter an die Wurzeln in der Erde, das Sinnbild für die materielle Welt. Die echte Verehrung dieser Lebensform veranlaßte die Bevölkerung sogar dazu, die Priester als »Baumleute« zu bezeichnen, wozu noch der Umstand kam, daß auch der Begriff *Druide* die Bedeutung »Eichenmann« hat. Es ist also offenkundig, daß die Druiden Bäume als göttliche Verkörperungen betrachteten, was nirgendwo deutlicher als in ihrem heiligen *Ogham*-Baumalphabet bezeugt wird. Von allen

Lektionen, die in den *Cors* gelehrt wurden, läßt sich mit Sicherheit behaupten, daß sie im wesentlichen aus einer genauen Beobachtung von natürlichen Gesetzmäßigkeiten und Bewegungen abgeleitet waren.

Diese Hingabe an das Reich der Natur, die großartige Welt draußen oder, wie T. H. White es einmal nannte, »Merlyns Schulhaus«, war eine prägende Kraft des Druidentums und seiner gesamten Struktur. Sie war untrennbar verbunden mit dem druidischen System der Lehrlingschaft, da jeder, der Druidenmagie studieren wollte, Zugang zu dieser Welt haben und »Ranke und Blatt berühren« mußte, wie es im Altwalisischen hieß. Viele der spirituellen Systeme, die uns heute zur Verfügung stehen, mögen Erleuchtung inmitten einer Stadt oder in den vier Wänden eines Zimmers versprechen – eine für einen Druiden unmögliche Vorstellung. Wenn man von der Natur lernen will, darf man nicht getrennt von ihr sein, und es gibt kein Druidentum, das nicht auf der Stellung der Natur als großer kosmischer Lehrerin begründet ist. Um sich von der Natur unterrichten zu lassen, muß man dazu bereit und gewillt sein, ihr Klassenzimmer zu betreten und genau hinzuhören.

> *Die Natur ist der Große Lehrer, und im Vergleich damit sind die besten der sterblichen Erzieher nur ungeeignete Führer.*
>
> Barddas

Die andere prägende Kraft des Druidentums war die *Lehrlingschaft* als die einzige Einrichtung, durch welche die keltische Religion weitergegeben werden konnte, da sie die Niederschrift der heiligen Lehre nicht erlaubte. Die Druiden waren der Überzeugung, daß alles, sobald es einmal niedergeschrieben und dadurch begrenzt war, angegriffen und entweiht werden konnte. Daraus erklärt sich auch die Bedeutung, die sie auf das Auswendiglernen und mündliche Einüben legten. Die Lektionen wurden persönlich vorgetragen, und der Schüler erhielt nur die Hilfsmittel und Informationen, die er brauchte, um die Antwort selbst herauszufinden, denn: »Unverdiente

Lektionen führen dazu, vergessen zu werden.« Diese Lektionen waren ursprünglich dazu bestimmt, den Geist (und die Hände) von Lehrlingen über viele Jahre hinweg zu beschäftigen, nach denen die Lösungen wirklich verdient und nicht einfach weitergegeben worden waren. Das Gesetz, daß sich alles Lernen in drei Stufen vollzieht, diente auch als Grundlage für den Aufbau der Lektionen. Jeder Schüler erhielt drei Gelegenheiten, den Sinn einer Lektion zu erfassen. Auch hier galt, daß nichts Heiliges niedergeschrieben werden durfte.

Die in diesem Arbeitsbuch zusammengestellten 21 Lektionen bilden die Essenz der 21 Romankapitel von *Merlyns Vermächtnis*. Sie bieten jeweils eine bestimmte Übung als Ritual an, ein »Werkzeug der Entdeckung«, mit dem der Leser experimentieren kann, wenn er sich tiefer auf die Symbolik und verborgene Bedeutung des Textes einlassen möchte. Durch die Einbeziehung der praktischen Übungslektion können bei wiederholter Lektüre des betreffenden Romankapitels neue Gedanken und Einsichten auftauchen.

Der Leser wird auch feststellen, daß einige Lektionen mit einer Ortsangabe versehen sind. Damit wird ein sehr alter bardischer Kunstgriff wieder eingeführt, der im *Book of Pheryllt* als die »Erleuchtung durch Reime« umschrieben wird, denn jede spirituelle Übung – ob schweigend, gesprochen oder gesungen – wird dadurch in hohem Maße verstärkt, daß sie an einem geographischen Ort derselben Energieform vollzogen wird. Prosastücke, sei es Dichtung oder gesungene Balladen, wurden ursprünglich geschaffen, um in einer besonderen Umgebung vorgetragen zu werden: hoch oben zwischen den Ästen eines Baumes, an einem Fluß liegend, tief im Innern einer Höhle, auf einer windumtosten Bergspitze … unter der sommerlichen Mittagssonne oder dem mitternächtlichen Mond. Sofern die Lektionen einen derartigen Vorschlag enthalten, sollten Sie versuchen, das Ritual an einem Ort auszuführen, auf den diese Beschreibung zutrifft. Wenn Sie, auch als Erwachsener, dazu bereit sind, so unvoreingenommen und aufgeschlossen wie ein Kind zu sein, werden diese interessanten Anregungen Ihre Erfahrung um eine positive Dimension bereichern – selbst wenn es nur für die Dauer der Lektüre ist.

Denken Sie stets daran, daß Sie es hier mit einer machtvollen archetypischen Welt zu tun haben. Diese 21 Lektionen können Sie entscheidend darin unterstützen, zwischen sich und der Welt der Druiden Verbindungslinien herzustellen. Prägen Sie sich jedoch den folgenden Schlüsselsatz gut ein: Je mehr Ihre Lebensweise, Ihre Handlungen und Gedanken mit denjenigen des Archetyps übereinstimmen, zu dem Sie eine Beziehung herstellen möchten, um so müheloser wird die erwünschte Information zwischen den Welten fließen. *Gleiche Energie erzeugt Gleiches*, und dadurch wird man zu dem, was man denkt.

Wenn Sie sich durch die geheimnisvollen Erfahrungen arbeiten, die in den 21 Lektionen enthalten sind, können Sie tatsächlich, falls Sie den Wunsch dazu haben, im traditionellen Sinn *Autorität* innerhalb des druidischen Systems entwikkeln und damit Türen zu völlig neuen Bereichen wahrnehmbarer Erfahrung und Erkenntnis öffnen. Durch diesen ausgesprochen magischen Begriff bekommen Worte und Taten im Laufe der Zeit eine neue Bedeutung und Macht. Dies läßt sich am Beispiel der beiden alten »Zauber des Wirkens« belegen: Für jemanden ohne Autorität in unserem archetypischen Reich sind diese Worte bloß Worte, die bis zu einem gewissen Grade ohne tiefere Wirkung ausgesprochen werden können. Bei einem druidischen Magier jedoch, der sich Autorität über die Elementarreiche aufgebaut und verdient hat, werden diese »bloßen Worte«, wenn sie ausgesprochen werden, in Werkzeuge verwandelt, die tatsächlich auf die Grundlagen der physischen Realität Einfluß nehmen können – daher der Ausdruck »Erleuchtung durch Reime«. Für diejenigen, die all dem skeptisch gegenüberstehen oder denen solche Vorstellungen fremd sind, liegt die Lösung auf der Hand: Probieren Sie es aus und sehen Sie selbst!

Lektion 1

Die Drei Riten der Aufnahme

Vor dieser Mauer zog sich ein Abhang entlang, in welchem ein Stein eingebettet lag, der etwas hervorragte – mein Stein. Öfters, wenn ich allein war, setzte ich mich auf ihn, und dann begann ein Gedankenspiel, das etwa so lautete: »Ich sitze auf diesem Stein. Ich bin oben und er ist unten.« Der Stein könnte aber auch sagen : »Ich« und denken: »Ich liege hier auf diesem Hang, und er sitzt auf mir.« – Dann erhebt sich die Frage: »Bin ich der, der auf dem Stein sitzt, oder bin ich der Stein, auf dem er sitzt?« – Diese Frage verwirrte mich jeweils, und ich erhob mich, zweifelnd an mir selber und darüber grübelnd, wer jetzt was sei ...«

C. G. Jung[1]

Im Eingangskapitel von *Merlyns Vermächtnis*, das den Titel »Ein Junge, zur Magie bestimmt« trägt, machen wir die Bekanntschaft des jungen Arthur im Kloster Tintagel – dem einzigen Ort, dem seit 1500 Jahren in Sagen und Mythen die Ehre

[1] *Erinnerungen, Träume, Gedanken von C. G. Jung*. 8. Aufl., Olten (Walter-Verlag) 1992, S. 26.

seines Geburtsortes zuerkannt wird. Es ist eine Geschichte der ersten Anfänge – farbenfroh wie Blumen, blau wie der von Möwen erfüllte Himmel – und das einzige Kapitel, das in der dritten Person erzählt wird. Es will mehr Atmosphäre und Stimmung der Zeit Arthurs vermitteln als bestimmte druidische Praktiken anbieten.

Das *Book of Pheryllt* enthält eine Aufzählung von neun sogenannten *Riten der Aufnahme*. Dies sind druidische Visualisierungsübungen, die angewandt werden, um die ungeformten archetypischen Naturreiche »anzuzapfen«. Da sich das Eingangskapitel zur Zeit des lebendigen Neubeginns des Frühlings abspielt, sind drei dieser Riten für den Leser ausgewählt worden, der in eine engere Verbindung zu der magischen Elementarwelt der Kelten treten möchte.

Echte druidische Dichtung enthält stets eindringlich und farbenreich beschreibende Darstellungen; sie malt gewissermaßen Bilder mit Worten. Die Druiden legten innerhalb ihres Lehrsystems großen Nachdruck auf Prosa, Poesie und Versdichtung, und ein ganzer Rang ihres Ordens, die Barden, widmete sich einzig diesem Ideal des Ausdrucks. Die besondere Technik, wodurch ihre Dichtung mit Magie erfüllt wurde, nannten sie die *Erleuchtung durch Reime*. Zu dieser Technik gehörte es, mittels intensiver geistiger Bilder und visueller Vorstellung eins mit den Naturkräften zu werden. Um in den eigenen Geist hineinschauen zu können, ist es wichtig, die Bilder so deutlich auszusprechen, daß man tatsächlich eins mit ihnen und den Elementarkräften selbst wird. Auf diese Art und Weise werden die Reime »erleuchtet«. Wie ist dies zu erreichen? Durch eine intensive Meditationspraxis über längere Zeit und unter geeigneten Bedingungen.

Die erste dieser Bedingungen ist die *Umgebung*. In Übereinstimmung mit dem druidischen Gesetz, daß gleiche Kräfte sich anziehen, wird die Aufnahme der Bilder um so leichter sein, je mehr Ihre natürliche Umgebung, also der Ort des Rituals, dem Umfeld der Gedichte entspricht. Wählen Sie daher einen Ort für die Meditation, der so genau wie möglich zu dem Bild paßt, das in den Versen ausgemalt wird. Auch der Zeitpunkt ist wichtig: Tag oder Nacht, Sonnenaufgang oder Sonnenuntergang, Vollmond oder Neumond?

Achten Sie auf Einzelheiten.

Die zweite Bedingung betrifft die *äußere Atmosphäre*, also das, was der Magier selbst erschafft: eine Steigerung und Unterstützung durch äußere Bedingungen, um ein optimales Arbeiten mit den Ritualen zu ermöglichen. Dies kann durch vielfältige Mittel geschehen, durch die gleiche Kräfte angezogen werden. Dazu gehören beispielsweise:

Räucherwerk – Verbrennen Sie eine Substanz mit demselben Energiegehalt wie in Ihren Versen.

Aromatische Pflanzen – Wählen Sie bestimmte Düfte oder natürliche Gerüche, die Ihre Konzentration fördern. Wenn die gewählten Reime beispielsweise mit der Bildersprache der Rose arbeiten, dann achten Sie darauf, daß Rosen (oder Rosenduft) in der Nähe sind. Bei einem Eichen-Gedicht umgeben Sie sich entsprechend mit Eichenenergie, indem Sie Eichenblätter um sich herum verteilen usw.

Denken Sie daran: Je mehr Ihr Arbeitsbereich dem Umfeld in den Versen des Rituals der Aufnahme entspricht, desto einfacher wird es für Sie sein, sich in einen bestimmten Archetypus hineinzuversetzen.

Die dritte Bedingung bezieht sich auf die *innere Verfassung*. Vergewissern Sie sich, daß Sie von Ihrer persönlichen Stimmung und Ihrem Gemütszustand her empfänglich für das Gedicht sind, mit dem Sie gerade arbeiten. Versuchen Sie beispielsweise nicht, mit einem Vers zu arbeiten, der von »unbewegtem Meer« spricht, wenn Sie außer sich vor Wut auf jemanden, also in einem feurigen Gemütszustand sind. Diese beiden Stimmungen vertragen sich nicht und werden in Verbindung miteinander eine Verwässerung sowohl des Zorns als auch der Bilder hervorrufen. Lernen Sie Ihren Biorhythmus und die besten Zeiten für Ihre Arbeit kennen.

Damit kommen wir zu den DREI RITEN DER AUFNAHME selbst. Nach druidischem Muster sind die im *Book of Pheryllt* wiedergegebenen Riten in drei Dreiergruppen angeordnet, von denen jede Folge die Verbindung Vergangenheit-Gegenwart-Zukunft herstellt. Als für dieses Kapitel am besten geeignet, haben wir die zweite dieser Gruppen ausgewählt:

Lied von Taliesin – die Vergangenheit (»Ich war ...«);
Lied von Amergin – die Gegenwart (»Ich bin ...«);
Lied der Purpurwinde – die Zukunft (»Ich werde sein ...«).

Jedes von ihnen wird getrennt wiedergegeben. Es ist sinnvoll, daß sie zuerst auswendig gelernt und dann der Reihe nach, von der Vergangenheit zur Zukunft, über einen längeren Zeitraum durchgearbeitet werden.

Ihr Ziel bei der Arbeit ist, daß Sie die Identität des sprachlichen Bildes annehmen: zu einem Salm im Teich, einer Purpurwinde auf einer grünen Wiese oder einem Tropfen aus der Sonne werden. Spüren Sie die Sonnenwärme oder die kühle Feuchtigkeit des Salmfleisches – werden Sie eins mit den reinen Elementarkräften, die Sie angerufen haben. Lernen Sie die Verse auswendig, indem Sie die sogenannte »Bildverbindungstechnik« anwenden, d. h. einen Mini-Film in Ihrem Geist gestalten, wobei jede Verszeile eine Szene ist und dann zur nächsten wird.

Wenn diese »Bild-Film-Gedichte« Ihnen einmal vertraut geworden sind und ihre Wirkung zeigen, dann verwenden Sie diese immer wieder als persönliche Affirmationen, damit Sie sich die natürliche Magie im Reich des Denkens auch in den alltäglichen weltlichen Dingen bewahren. Lesen Sie dann nochmals das Kapitel »Ein Junge, zur Magie bestimmt«. Die darin enthaltene archetypische Essenz wird eine ganz neue »atmosphärische Stimmung« bekommen.

Das Lied von Taliesin

Diese Verse, deren Rezitation als spirituelle Affirmation früher einmal weitverbreitet war, beschwören persönliche Macht, indem sie die Ränge aufzeigen, durch die der Magier aufgestiegen ist, bevor er seine gegenwärtige Stellung erlangte. Dieser Ritus wird äußerst wirkungsvoll innerhalb eines Steinkreises durchgeführt, um die Energie zu begrenzen und – im Zentrum sitzend – auf sich selbst zu konzentrieren.

Der Text wird laut gesprochen, so als würde man eine Erklärung abgeben. Wählen Sie ein Räucherwerk nach der Symbolik des Gedichtes aus, oder verbrennen Sie Mistel (wenn möglich auf der Aschenschicht eines Eichenfeuers) oder Ginsterblüten (die Taliesin geweihte Blume).

Oberster Barde bin ich bei Elphin
und meine Heimat ist das Land der Sommersterne.
Viele haben mich Merddin genannt,
doch am Ende wird jeder mich Taliesin nennen.
Ich bin ein Hirte gewesen und über die Erde gewandert.
Ich habe auf hundert Inseln geschlafen,
als Gast von hundert Königen.
Ich habe in hundert Städten geweilt.
Ein Jahr und einen Tag lag ich in Fesseln …

Ich bin ein wilder Bulle und ein fahler Rehbock gewesen.
Ich bin ein Schiff auf dem Meer gewesen.
Ich bin die Gischt auf dem Wasser gewesen.
Ich bin ein Tropfen in der Luft gewesen.
Ich bin hoch wie ein Adler geflogen.
Ich bin ein Baumstumpf auf einer Schaufel gewesen.
Ich bin eine Axt in der Hand gewesen.
Ich bin eine gefleckte Schlange auf einem Hügel gewesen.
Ich bin eine Woge gewesen, die sich am Ufer brach.
Auf einem grenzenlosen Meer ließ ich mich treiben …

Dann war ich neun Monate lang Klein-Gwion
im Schoß von Kerridwen,
und schließlich war ich Taliesin.

Ich bin beim Thron des Spenders gewesen.
Ich habe hoch oben auf dem Weißen Hügel gestanden.

Ich war beredt, bevor ich die Gabe der Sprache erhielt.
Ich war Lehrer aller Geistwesen.
Ich habe allein Nimrods Turm erbaut.

Ich bin das Tetragrammaton.
Ich bin ein Wunder, dessen Ursprung unbekannt ist.
Ich werde bis zum Tag des Jüngsten Gerichtes
auf der Erde sein,
und es ist nicht bekannt, ob mein Körper
Fleisch oder Fisch ist.

Gelehrter Druide,
ist dies eine Prophezeiung von Arthur?
Oder bin ich es, den sie feiern?[2]

Das Lied von Amergin

Dieses herrliche Gedicht, das früher einmal so bekannt war wie heute das christliche Glaubensbekenntnis (Apostolikum), läßt sich bis nach Irland ins Jahr 600 v. Chr. zurückverfolgen. Die Verse dieses Ritus der Aufnahme erklären die persönliche Macht eines Druiden im jetzigen Leben damit, daß er nun »größer als die Summe seiner Teile« sei – ein mächtiges vielschichtiges Wesen, das die Erfahrungen und Kenntnisse aus zahllosen Seelenwanderungen heranzuziehen vermag.

---

[2] Diese Fassung stammt aus dem *Book of Pheryllt*. Es gibt noch drei andere Fassungen in Robert von Ranke-Graves' Buch *Die Weiße Göttin. Sprache des Mythos*. (Reinbek, Rowohlt 1985, S. 92, 102 und 136f., Siehe Anm. 1, S. 182).

Verbrennen Sie Drachenblut[3] als Räucherwerk, und führen Sie diesen Ritus, wenn möglich, hoch oben auf einer windumtosten Felsklippe oder einem Berg aus.

Ich bin ein WIND des Meeres
Ich bin eine WOGE des Meeres
Ich bin ein RAUSCHEN des Meeres …

Ich bin ein HIRSCH mit sieben Enden des Geweihs
Ich bin ein FALKE auf einer Felsklippe
Ich bin ein TROPFEN aus der Sonne …

Ich bin die Schönste unter den BLUMEN
Ich bin ein wilder EBER von Furchtlosigkeit
Ich bin ein SALM in einem Teich …

Ich bin ein SEE in einer Ebene
Ich bin ein BERG der Poesie
Ich bin eine SPEERSPITZE im Kampf …

Ich bin ein Gott, der Feuer im Kopf entzündet!

---

[3] Alle handelsüblichen Räucherwerke und Heilkräuter erhalten Sie in Apotheken, Drogerien, Reform- und Naturkostläden oder im Esoterik-Fachhandel. Alle ausgefallenen Kräuter in diesem Buch sowie außergewöhnliches Räucherwerk können schriftlich bestellt werden bei:
New Forest Gardens, P.O.Box 491, Westfield, N.Y. 14787, U.S.A.

Wer außer MIR *kann die Geheimnisse des*
unbehauenen Dolmen enthüllen?
Wer außer MIR *kann die Zeitalter*
des Mondes verkünden?
Wer außer MIR *kann den verborgenen Ruheplatz*
der Sonne zeigen?

Das Lied der Purpurwinde

Dieses Gedicht scheint so einzigartig wie die Pflanze zu sein, über die es verfaßt wurde. Auch als *Spiralritus* bezeichnet, ist dies der kürzeste aller neun Riten der Aufnahme, die im *Pheryllt*-Text enthalten sind und der einzige, der mit einem bestimmten Symbol verbunden ist. Das »Lied der Purpurwinde« behandelt das spirituelle Potential, das »Ich kann und will werden ...« der drei Gedichte und damit die Zukunft.

Diese Blütenranke trug den alten Namen *Bluestar*, und sie ist identisch mit der heute verbreiteten Art der blauen Prunkwinde oder *Morning Glory*. Ihr botanischer Name ist *Ipomoea violacea*, und sie gehört zur Familie der Winden. Es handelt sich dabei um eine Pflanze mit einer faszinierenden Geschichte. Ihre religiöse Verwendung reicht zurück bis zu den alten Sumerern, Ägyptern, Griechen und Azteken. Die psychedelische »Hippie-Bewegung« der 60er Jahre nutzte ihre Samen zur LSD-Gewinnung. In alten Zeiten zeigten die Blüten je nach Witterung und Bodenbeschaffenheit starke Farbunterschiede, von einem reinen Weiß bis zu dem heute üblichen Himmelblau. Stets hat die Pflanze zu einem symbolischen Archetyp gehört, der wegen ihrer Farbe mit Himmel oder Meer in Verbindung gebracht wurde, besonders aber wegen des fünfstrahligen Sternenmusters (Pentagramm/Druidenfuß), das innerhalb der Blüte zu sehen ist. Himmel und Meer galten bei unseren Vorfahren als Boten von Träumen und Visionen.

Während des Ritus der Aufnahme sollten die Samen und/oder Blätter der Purpurwinde wie Räucherwerk verbrannt werden, um die bestmöglichen Energieverhältnisse herzustellen.

Dieser kurze Vers wird nun genau so wiedergegeben, wie er im *Book of Pheryllt* steht:

Ich werde
wie eine Purpurwinde
auf einer grünen Wiese sein,
die kreisend
zu einer goldenen Sonne aufsteigt.

Die Purpurwinde liebt die Sonne und wird ohne direktes Sonnenlicht nicht gut wachsen. Verwenden Sie all diese natürlichen Merkmale bei der Visualisierung Ihres Bildes.

Das oben dargestellte Symbol sowie der Gebrauch des Wortes »kreisend« im Text legt den Gedanken nahe, daß die Purpurwinde aufgrund der natürlichen Neigung ihrer Ranken, sich spiralförmig um alles zu winden, vielleicht auch ein Sinnbild für den Spiralweg des Lebens, von Tod und Wiedergeburt war. Es wird daher vorgeschlagen, die Rezitation mit einer spiralförmigen Bewegung des Kopfes und Oberkörpers (in sitzender Haltung) zu verbinden, die langsam mit einer kleinen Drehung im Uhrzeigersinn beginnt, sich dann zu einem großen schwingenden Kreis entwickelt und schließlich wieder gegen den Uhrzeigersinn zu sich selbst zurückkehrt.

Weitere bardische bzw. druidische Gedichte, die in dieser Lektion nicht behandelt wurden, aber ähnlich verwendet werden können, sind:

Preiddeu Annwn
Angar Cyvyndawd
Câd Goddeu
Yr Awdil Vraith
Elegy of »Ercwlf«

Lektion 2

Der Pêlen Tân

Der Geist zerstört die Wirklichkeit.
Laßt die Schüler den Zerstörer vernichten.

H. P. Blavatsky, *Die Stimme der Stille*

Bei dem Kapitel »Einst lebten Riesen in der Erde« handelt es sich um eine Geschichte, die sich auf einen einzigen geographischen Ort konzentriert: eine Höhle. Bei den Kelten waren Höhlen Ursymbole für Schoß und Grab, für die Erdmutter, für Tod und Wiedergeburt. Aus diesem Grund wurden keltische Initiationen häufig tief in Höhlen oder Grotten abgehalten, um – ähnlich wie bei der natürlichen Geburt – durch das Emportauchen daraus die Veränderung von einem Leben zum nächsten symbolisch darzustellen. Arthur erlebte eine solche Wiedergeburts-Initiation in der Höhle des Riesen und stieß dabei auf ein einzigartiges druidisches Hilfsmittel: den *Pêlen Tân*.

Die Übersetzung des alten walisischen Begriffs *Pêlen Tân* bedeutet »Feuerkugel«, wodurch ihr Aufbau recht gut erfaßt wird. Es handelte sich dabei um mundgeblasene Kugeln aus tiefblauem (gelegentlich grünem) Glas, deren Größe zwischen einem menschlichen Kopf und einem Fußball variierte. Am oberen Ende befand sich ein rundes Loch, das gerade groß genug war, um mit der Hand hineinzugreifen und am Boden eine Kerze anzuzünden. Ein Knüpfgeflecht aus Lederband oder Seil wurde dazu verwendet, die Kugel an der Hand zu tragen oder, was gebräuchlicher war, von dem Ast eines Baumes herunterhängen zu lassen.

Die Verwendung des *Pêlen Tân* bei einem Gruppenritual bietet uns einen lebendigen und anschaulichen Eindruck des klassischen Druidentums. An jedem der vier heiligen Jahreszeitenfeste trafen sich die Feiernden nach Einbruch der Dunkelheit auf einer Waldlichtung. Alle kamen in völligem Schweigen näher, und jeder trug seinen beleuchteten *Pêlen Tân*. Nachdem alle anwesend waren, wurden die Kugeln an die unteren Äste der Bäume gehängt, um den Ort des Rituals mit einem geheimnisvollen Leuchten zu erfüllen. Das tiefe Kobaltblau des Glases rief im Kontrast zu dem reinen Weiß der Druidengewänder einen bewußtseinsverändernden ultravioletten Lichteffekt hervor – eine bei der Priesterschaft sehr begehrte Wirkung.

Bevor wir zu der eigentlichen Konstruktion des *Pêlen Tân* kommen, sollte an dieser Stelle etwas über Farben gesagt werden. Die Druiden trugen vor allem weiße Gewänder, da sie Licht ausstrahlen wollten, um sich von weltlichen Dingen »abzuheben«. Zur Demonstration dieser symbolischen Trennung arbeiteten sie in einem selbst erschaffenen dunkelblauen oder ultravioletten Lichtermeer, von dem sie wußten, daß es besonders die weißen Farbtöne hervorhebt. Die Farbe Blau versinnbildlichte auch die tiefen Meere von *Annwn*, das symbolisch oft als »schwere blaue Kette« dargestellt wurde.

Die Mutterschaft von Avalon verwendete zu dieser Zeit rotes Licht, ihre eigene weibliche Symbolfarbe, wegen seiner ähnlichen Wirkung auf Schwarz. Rotes oder richtiger infrarotes Licht betont Schwarz und läßt es wie kein anderer Farbton hervortreten. Theresa Worth, die Leiterin des *New Avalon Centre*, eine Kennerin des vormittelalterlichen Matriarchats, führt in ihrer Veröffentlichung *The Book of Avalon: Motherhood of the Dark Ages* die Verbindung von »Rotlichtvierteln« und weiblicher Prostitution auf den einst weitverbreiteten Gebrauch des roten Farbspektrums durch weibliche religiöse Orden zurück.

In der modernen High-Tech-Welt hat kobaltblaues Licht durch das Medium der 3D-Poster und andere unterhaltsame psychedelische Spielereien wieder eine breite Verwendung gefunden. Für die Druiden war dieses besondere blaue Licht jedoch ein religiöses Werkzeug – ein Sinnbild der Schwelle –, um die Grenzen zwischen dieser Welt und der Anderwelt durchlässiger zu machen. Für diesen Zweck bleibt der *Pêlen Tân* ein äußerst wirksames Hilfsmittel.

Die Kugeln können auf unterschiedliche kreative Art und Weise hergestellt werden, angefangen von einem großen Einmach- oder Vorratsglas bis hin zu einer runden Kugel, vielleicht einer Art runder Beleuchtungskörper aus Glas. Wenn Sie diese Glaskugel einmal ausfindig gemacht haben, kaufen Sie in einem guten Bastel- oder Heimwerkerladen blaue Glasmalfarbe. Achten Sie darauf, daß es sich dabei um einen kräftigen dunklen Blauton handelt und nicht um eine hellere himmelblaue Schattierung. Bemalen Sie damit die Außenseite Ihres Glases. Verwenden Sie dafür einen Pinsel von guter Qualität, um Streifen zu vermeiden; es werden vielleicht mehrere Schichten notwendig sein. Beschaffen Sie sich als nächstes einen Vorrat an dicker Schnur, Seil, Leder oder auch dünner Kette, und flechten Sie daraus nach Art eines »Hängekorbs« ein Stützgerüst um Ihren *Pêlen Tân*. Wenn Sie damit fertig sind, sollte sich die Kugel bequem tragen lassen, ohne daß die Gefahr besteht, daß sie aus dem Flechtwerk hinausgleitet. Zuletzt stellen Sie eine schwarze Kerze hinein. Warum schwarz? Weil dies der einzige Farbton ist, der in blauem Licht fast unsichtbar ist, und weil wir den Effekt der in der Kugel schwebenden Flamme erzielen wollen. Die beste Methode dafür ist, einen kleinen Kerzenhalter am Glasboden festzukleben; damit können die Kerzen ihren sicheren Stand behalten und, wenn nötig, mühelos ausgetauscht werden. Nun ist der *Pêlen Tân* gebrauchsfertig.

Verwenden Sie Ihre Leuchtkugel immer dann, wenn Sie nachts im Freien arbeiten. Am wirkungsvollsten ist sie in einem Wald bei Neumond. Warum? Weil kobaltblaues Licht – also ultraviolette, »unsichtbare« Strahlung – die Kräfte der Anderwelt anzieht und das gewöhnlich Unsichtbare sichtbar macht. Wenn Sie eine Erfahrung machen möchten, die Sie völlig aus der diesseitigen Welt herausführt, dann wagen Sie den Versuch, das diese Lektion ergänzende Romankapitel »Einst lebten Riesen in der Erde« aus *Merlyns Vermächtnis* tatsächlich in einer Höhle oder in einem tiefen Tal beim Schein Ihres *Pêlen Tân* zu lesen. Oder probieren Sie, den Schleier zwischen unserer und der Anderwelt dadurch dünner zu machen, daß Sie den alten walisischen *Zauber des Wirkens* unter ähnlichen Bedingungen rezitieren. Bei sorgsamer Vorbereitung und mit guter Absicht ausgeführt, wird Ihnen die Wirkung unvergeßlich bleiben.

Wie gerade erwähnt, können durch die ungewöhnliche Verbindung von Lauten im ZAUBER DES WIRKENS Schwellenerfahrungen ausgelöst werden. Nach traditioneller Überlieferung wird er stets dreimal hintereinander rezitiert. Um Ihnen die praktische Übung zu erleichtern, wird dieser alte Zauberspruch nachstehend in der phonetischen Lautschrift wiedergegeben. Lernen Sie ihn auswendig. Versuchen Sie ihn mit Ihrem Atem und Ihren Träumen zu verbinden, und gehen Sie dann kreativ bei Ihrer magischen Arbeit vor. Ergebnisse werden nicht lange auf sich warten lassen.

AH ELF-IN TODD DEER SIN-DIN DEW,
CARE-IG OO-UR FAIR-LOO-RIG NOON.
OH'S SEAR-EE-ETH EHK SAH-FAIR TOO, FAIR ECK-LEHN MORE,
NE-KROM-BORE LOON.

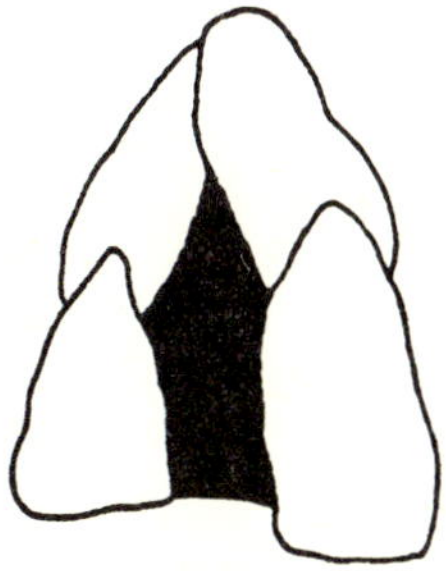

Lektion 3

Die Vier Symbole der Meisterschaft

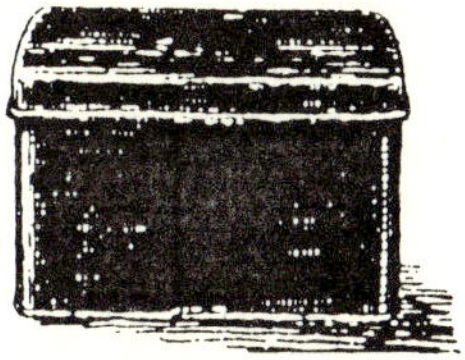

Die vollständige und ausgewogene menschliche Psychologie ist ihrer Natur nach vierfach, so wie es durch das universelle Sonnenmandala dargestellt wird. Wenn der Geist dieses Symbol erforscht, wird er zu Ideen geführt, die jenseits des verstandesmäßigen Erfassens liegen ...

C. G. Jung

Für die Druiden war die Meisterschaft über die materielle Welt das einzige übergeordnete Ziel der spirituellen Entwicklung – und der Grund für die Existenz des Menschen auf diesem großartigen »Spielplatz« der Natur. Meisterschaft über die Welt bedeutete Meisterschaft durch die vier Elemente, aus denen jegliche materielle Natur besteht. In dem Kapitel »Der Schrein« erhält Arthur seine erste Lektion über die Bedeutung und Fertigung der einzigartigen symbolischen Werkzeuge, die den Druiden diese wichtige Arbeit erleichterten.

Im Romantext sind genügend konkrete Richtlinien und Beschreibungen enthalten, die es dem Leser ermöglichen, seine eigenen Elementarsymbole anzufertigen und sie dann zu verwenden, so daß an dieser Stelle nicht mehr darüber gesagt werden muß. Das einzige, was noch zu erwähnen bleibt, ist der Rat an den Leser, bei der Herstellung der Symbole so kreativ und individuell wie nur möglich vorzugehen. Die Prägung durch Ihre persönliche Eigenart sollte in jedem Detail deutlich spürbar sein. Von den gnostischen Schulen ist überliefert worden, daß Kreativität und Einzigartigkeit zwei wesentliche Voraussetzungen für jede Art von Erfolg in der Magie sind: *Die echte Welt der Magie duldet keine Konformität.* Nutzen Sie dieses Wissen für Ihre Arbeit.

Als Ausgangspunkt für diese schöpferische Tätigkeit ist der folgende MEISTERPLAN DER ELEMENTAREN ENTSPRECHUNGEN entworfen worden. Es handelt sich dabei um eine wirklich neue Zusammenstellung der symbolischen Entsprechungen, wie sie zur gleichen Zeit zwischen unterschiedlichen Gruppierungen der westlichen keltischen Tradition existierten. Die vergleichbaren Ebenen bestehen aus Einheiten von 2, 3, 4, 5, 7 und 8. Durch das Studium der verschiedenen Ebenen kann man zu einem Verständnis der Grundstrukturen gelangen, welche sich in den vier Elementarreichen manifestieren. Diese Strukturen können dann zu kreativen Schlüsselbegriffen bei der magischen Gestaltung der VIER SYMBOLE DER MEISTERSCHAFT werden. Nach der Anfertigung sollten diese Symbole in Seide eingeschlagen und in einem persönlich hergestellten Holzkasten aufbewahrt werden, der vorzugsweise mit geeigneten Symbolen druidischer Macht verziert ist, wie sie in dem folgenden Schaubild enthalten sind.

Meisterplan der elementaren Entsprechungen

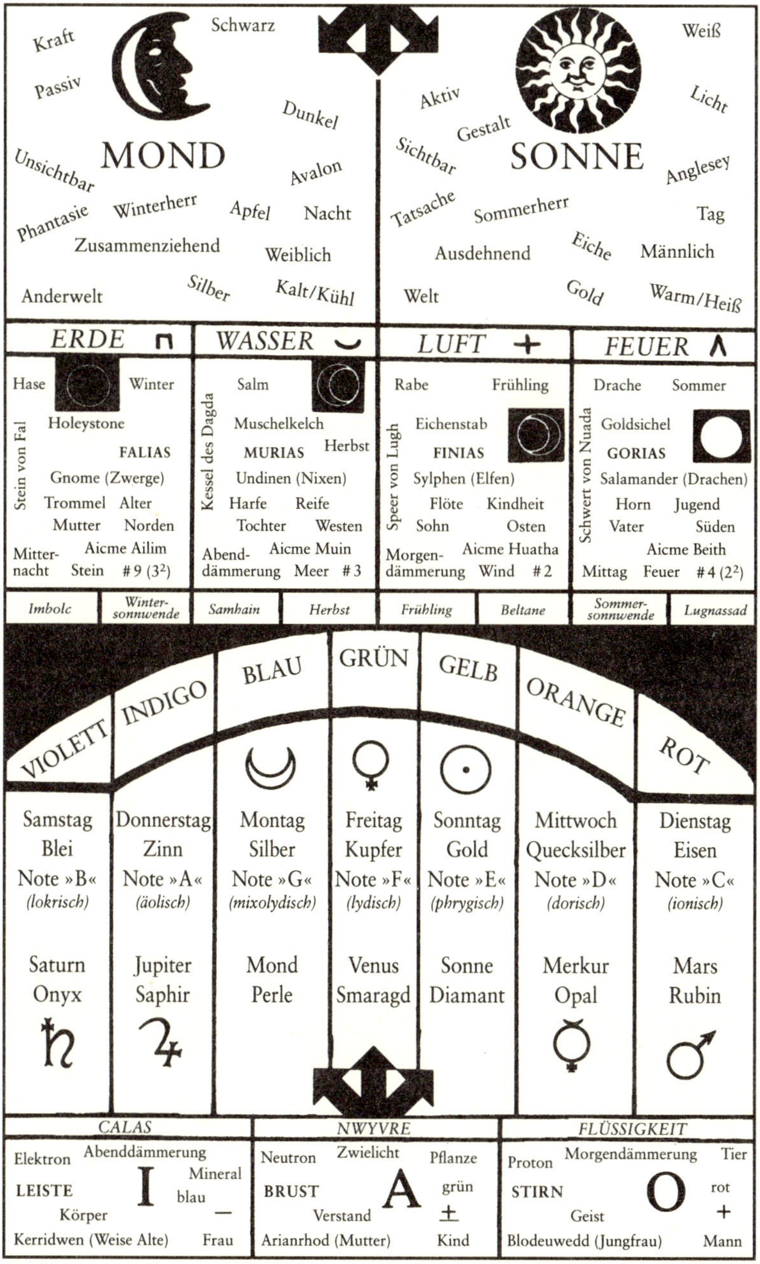

Lektion 4

Die Anrufung

Der zeitgenössische Mensch
ist blind für die Tatsache, daß er, bei all seiner
Rationalität und Leistungsfähigkeit,
von »Mächten« besessen ist, die normalerweise
außerhalb seiner Kontrolle liegen.
Seine Geister und Götter sind durchaus nicht verschwunden;
sie haben nur neue Namen bekommen.

C. G. Jung

Das Kapitel »Der verwunschene Berg« ist eine unheimliche Gruselgeschichte – ein düsteres, rätselhaftes Abenteuer, das darin endet, daß ein junger Mann die verborgensten Winkel seines Wesens annimmt. Diese Art von Geschichte ist typisch für die Stimmung und Atmosphäre von *Samhain*, dem Festtag der Wilden Jagd in der Anderwelt – und die Druiden, als ursprüngliche Mystiker, hätten sich ein spannendes Vergnügen daraus gemacht, sie einem Kreis von Lehrlingen um ein *Halloween*-Feuer herum sitzend spät in der Nacht zu erzählen. Die heraufbeschworenen Bilder sind auf archetypische Weise unheilvoll und bieten ein ideales Gegenstück zu einem ungewöhnlichen Ritual, das in Teil 13 des *Book of Pheryllt* unter dem Titel »Die Anrufung« enthalten ist.

Deshalb wird der Ritus hier genauso wie im Text wiedergegeben: als eine authentische Begleitübung, um die übernatürlichen Anklänge im Kapitel »Der verwunschene Berg« zu verstärken. Wegen der unheimlichen Natur dieses Ritus mag seine Ausführung vielleicht nicht für jeden Leser geeignet sein, daher wird er hier nur aus symbolischen Gründen vorgestellt.

Mehr als tausend Jahre lang ist die folgende Grabschrift von westlichen Mystikern aller Glaubensrichtungen rezitiert worden, um den »Schatten des Zauberers Merlin« herbeizurufen, damit er Rat erteile. Ein Grabstein aus dem 6. Jahrhundert von Merlyns Grab auf Berg Newais (heute zu *Newhill* in der Nähe der Stadt Carmarthen modernisiert) trägt die folgende Inschrift:

Bedd Ann ap lleian ymnewais fynydd
lluagor llew Ymrais
Prif ddewin Merddin Embrais.[1]

Nachfolgend die phonetische Version für Leser, die nicht Walisisch sprechen:

BETH AHN Ahp T-Lay'in, eem-NEW-ais FEEN-ith
T-loo-AH-gor T-loo EEM-rais
Preeve DEW-in MEER-thin EHM-rihs.

Lernen Sie diesen Text auswendig, so daß Sie ihn fehlerlos rezitieren und an den hervorgehobenen Stellen mühelos deutliche Akzente in der Stimmführung setzen können. Der Ritus gibt vor, daß die Anrufung zu einer geeigneten »Schwellen-

[1] Die Übersetzung lautet:
Das Grab des Sohnes der Nonne auf Berg Newais:
Herr des Kampfes, Llew Emrys,
Oberster Zauberer, Myrddin Embrais.

zeit« (d.h. in der Abenddämmerung oder um Mitternacht, während eines Neumondes oder am allerbesten am Vorabend von *Samhain* selbst: dem 31. Oktober um Mitternacht) und an einer geeigneten Stelle – »innerhalb der Grenzen eines abgelegenen Friedhofs hoch oben auf einem Hügel und von jeder menschlichen Wohnstätte weit entfernt« – durchzuführen sei.

Wenn möglicherweise nach längerer Suche einmal ein Ort gefunden und der Ritualbezirk ausgewählt ist, verlangt das *Pheryllt*, daß ein schützender Kreis von äußerst ungewöhnlicher Gestaltung gebildet wird: ein Kreis aus »Köpfen«. Damit sind nicht wirkliche Köpfe von Menschen gemeint, sondern ihre symbolische Darstellung – eine Darstellung, die seit langem mit *Halloween* assoziiert wird: die ausgehöhlte Lampe aus Kürbis oder Rübe. Diese Tradition ist so tief in der mystischen Tradition des Westens verwurzelt, daß an dieser Stelle etwas über ihre Geschichte gesagt werden muß.

Im druidischen Britannien (und besonders in Irland, wo dieser Brauch seinen Anfang nahm) schnitzte das gewöhnliche Volk häßliche Gesichter in große Rüben oder Kürbisse und stellte eine angezündete Kerze hinein. Die ausgehöhlte Frucht wurde dann auf ein Fenstersims oder eine Türschwelle im Haus gestellt, um die Familie vor Wesen aus der Anderwelt zu schützen, die an *Samhain* von der Abenddämmerung bis zum Morgengrauen umherstreiften. Gemäß der Überlieferung wurde ein Kopf für jedes Kind im Haus ausgeschnitzt. Warum nun gerade ein Kopf? Weil der »Edle Kopf« des keltischen Volkes ein uraltes Schutzsymbol war, das auf die Sage von Bran dem Gesegneten zurückging. Bran war ein großer König aus der Zeit der Sagen, der befahl, daß sein Haupt abgetrennt und im Weißen Hügel von London (wo heute der Tower steht) begraben werden sollte, und zwar mit dem Gesicht zum Ärmelkanal, damit das Land für alle Zeiten vor der Invasion fremder Völker sicher sei. Auch diese Sage hat ihren Ursprung in der älteren keltischen Vorstellung, daß sich der Sitz der menschlichen Seele im Kopf befindet. Daher stehen die ausgehöhlten Kürbisse auch heute noch als Symbol dafür, den Schutz von Brans Kopf zu beschwören.

Aus diesem Grund wird ein Kreis aus Kürbissen als höchster druidischer Schutz angesehen und in der Anrufung verlangt: »Neun geschnitzte Köpfe, mit Licht erfüllt und nach außen blickend«, in deren Mitte der Druide steht, bieten den besten Schutz während der Beschwörung. Echte Kürbisse sind am besten, doch können auch Ton- oder Keramikmodelle als Ersatz verwendet werden. Dieser Kreis sollte am Morgen vor der Anrufung errichtet werden.

Als letztes muß ein besonderes Räucherwerk zubereitet werden. Gemäß der Überlieferung sollte dieses, wenn möglich in einem Eisenkessel, auf einer Schicht Kohle verbrannt werden. Nach druidischem Kräuterbrauch gilt dabei eine alte Formel als Richtlinie: *An herbe, a flower and a tree make three.* Danach enthält das Räucherwerk eine Mischung aus drei Bestandteilen – Kraut, Blume und Baum:

1 Teil Wermut, das »Kraut«
2 Teile Stechapfel (Datura), die »Blume«
3 Teile Eibe (oder Wacholder/Zypresse), der »Baum«.

Nachdem Sie den Vers auswendig gelernt, den geeigneten Ort gefunden, den Kreis aus Köpfen gebildet und das Räucherwerk zum Abbrennen vorbereitet haben, ziehen Sie sich ein dunkles Gewand an und warten bis zum Einbruch der Dunkelheit. Gehen Sie genau 30 Minuten vor Mitternacht zu dem Friedhof, zünden Sie die Kerzen in den Kürbis-Köpfen und das Räucherwerk in dem Gefäß an. Sie müssen sich dabei innerhalb des Kreises befinden. Verbrennen Sie im Laufe der nächsten halben Stunde kleine Mengen der Kräutermischung.

Um Mitternacht tun Sie folgendes:

Verbrennen Sie das restliche Räucherwerk.
Setzen Sie sich in die Mitte des Kreises.
Rezitieren Sie die Anrufung langsam neunmal nacheinander.

Warten Sie geduldig auf das Erscheinen des Geistes.
An den »Schatten Merlins« können dann drei Fragen gestellt werden.

Entlassen Sie den Schatten, indem Sie das brennende Räucherwerk völlig auslöschen.
Wenn er verschwunden ist, löschen Sie auch die Kerzen in den »Köpfen« und verlassen den Kreis.

Damit ist der Ritus der Anrufung abgeschlossen. Viele abgewandelte Formen davon können mit Erfolg angewendet werden, wenn sie sich auf intelligente Weise an das Original halten. Der Leser mag selbst eine Version erschaffen, die sich in seiner besonderen Situation durchführen läßt, sollte dabei jedoch bedenken, daß er um so größeren Erfolg haben wird, je mehr seine Umarbeitung mit dem Original übereinstimmt. Dieses Ritual muß stets allein ausgeführt werden.

Beim Warten auf Mitternacht können Sie eine geeignete Stimmung/Geistesverfassung dadurch herstellen, daß Sie eine zu dem Geschehen passende Musik hören oder selbst spielen und singen. In Lektion 11, die zu dem Romankapitel »Liedzauber« gehört, sind einige hervorragende Beispiele dafür zu finden. Andere modernere Kompositionen, die den Geist von *Samhain* ausgezeichnet wiedergeben, sind:

Ancient Voices of Children von George Crumb
Danse Macabre von Camille Saint-Saëns
And God Created Great Wales von Alan Hovaness
Aparebit Repentina Dies von Paul Hindemith
Sinfonia Antartica von Vaughan Williams
Der Zauberlehrling von Paul Dukas
Le Sacre du Printemps und
Requiem Canticles von Igor Strawinskij
Die Planeten von Gustav Holst.

Lektion 5

Die Vier Zeichen des Portals

Damals, in meiner Jugend, wuchs das Interesse an Pflanzen, Tieren und Steinen. Ich war ständig auf der Suche nach etwas Geheimnisvollem.

C. G. Jung

Das Kapitel »Von Wind, Meer, Feuer & Stein« ist eine Lehrgeschichte der vier Elemente und erklärt die verschiedenen Symbole jedes Elements, so wie sie von den Druiden und Kelten verstanden und benutzt worden sind.

Das *Book of Pheryllt* geht jedoch noch einen Schritt weiter und ergänzt die Symbole durch vier sogenannte ZEICHEN DES PORTALS: vier Grundsymbole, die während des druidischen Rituals zur Anrufung und Beschwörung der Elementarkräfte verwendet wurden, um die Pforten zu den Elementarreichen zu öffnen. Sie werden nachfolgend wiedergegeben. Wesentlich ist dabei, die *Zeichen des Portals* in der richtigen Reihenfolge aufzuzeichnen (wie durch die Ziffern der folgenden Abbildungen dargestellt).

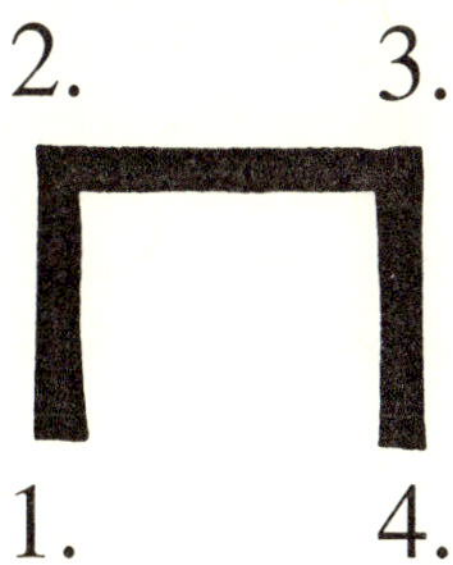

1. Der TRILITH ist als Bauform der überwölbten Gänge von Stonehenge, als keltischer Dolmen oder als Erdeingang zu einer Grube oder Höhle bekannt. Er steht symbolisch für die Vorstellung von »Schoß und Grab«, für die Erdmutter, die uns gebiert und deren dunkles Fleisch uns wieder umschließt, wenn wir sterben. Dies ist eine gänzlich weibliche Form, deren Gestalt an sich eine mystische Pforte von der Vergangenheit in die Zukunft darstellt. Sie steht symbolisch für das *Elementarreich Erde.*

2. Die konkave Wölbung stellt das Grundmuster des KELCHS dar, das symbolisch für Empfänglichkeit steht: dafür, etwas festzuhalten oder zu umfassen. Auch hierbei handelt es sich um ein weibliches Symbol des Aufnehmens, das sich häufig an der Form einer perlmutternen Austernmuschel oder eines heiligen schwimmenden Salms erkennen läßt. Es steht symbolisch für das *Elementarreich Wasser.*

3. Das TAU oder gleichseitige Kreuz steht sinnbildlich für Gleichheit, die Vorstellung von gleicher Bewegung in alle Richtungen – die vermittelnde Substanz zwischen den Kräften von Feuer und Wasser. Es ist in der Anordnung einer Windmühle zu erkennen, die Luftströmungen aus allen Himmelsrichtungen auffängt, in einer herabfallenden Schneeflocke oder in den sich drehenden Speichen eines Rades. Dies ist ein männliches Symbol der Gerechtigkeit und steht symbolisch für das *Elementarreich Luft.*

4. Die Spitze oder das DRACHENHORN stellt eine Flammenzunge dar. Sie kann in einer Kerzenflamme oder in den lodernden Flammen eines Freudenfeuers, aber auch in der Form einer Bergspitze, dem dreizackigen Spieß des christlichen Teufels oder den Hörnern eines Drachen wahrgenommen werden. Sie alle sind männliche Symbole des *Elementarreichs Feuer.*

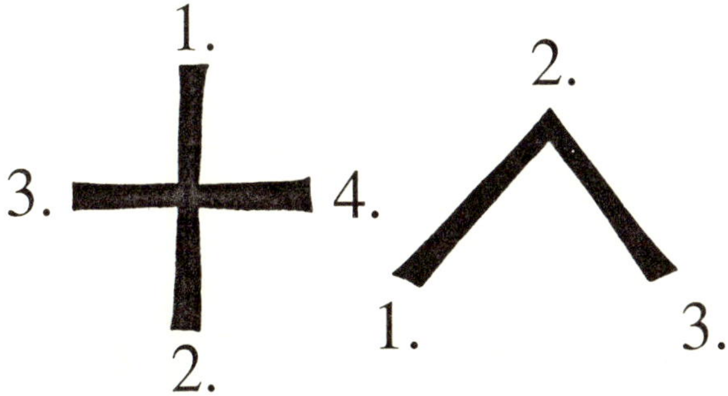

Achten Sie darauf, wenn Sie diese Symbole benutzen, daß Sie mit Visualisierungen arbeiten, die auf der oben beschriebenen symbolischen Bildersprache beruhen. Israel Regardie, der »Vater der modernen Magie«, hat gern den Satz »*Visualisierung ist der Schlüssel zum Okkulten*« angeführt, und dieser traf genauso zur Zeit der Kelten zu. Wenn diese vier Zeichen mit starker geistiger Vorstellungskraft verbunden werden, können sie kraftvolle Werkzeuge zum Öffnen der Tür zu jedem Elementarreich sein. Um eine bestimmte Elementarenergie zu bannen, zeichnen Sie einfach das zugehörige Symbol in umgekehrter Reihenfolge. Traditionsgemäß wurde bei einer Invokation oder Evokation der Elemente das jeweilige Elementarsymbol bzw. die entsprechende Waffe der Meisterschaft verwendet, um das Zeichen zu ziehen; dies verstärkt auch heute die Wirkung um ein vielfaches.

Eine weitere Kraft zum Öffnen der Eingangsportale zu den Elementarreichen, die in allen alten Texten auftaucht, war der *Zauber des Wirkens*. Er wurde während des Aufzeichnens der Symbole rezitiert, was vor dem Körper mit der rechten Hand (zur Anrufung) oder mit der linken Hand (zur Bannung) ausgeführt wurde.

Häufig wurde das ZEICHEN DER DREI STRAHLEN mit einer ähnlichen Geste zu Beginn oder als Abschluß eines Elementarritus gezogen, was etwa gleichbedeutend mit »So sei es« oder »Amen« war. Dieses besondere Symbol wurde als eine Art höchster Geste über allen anderen verwendet. Es symbolisiert das »fünfte Element« *Nyu, Akasha* oder Heiliger Geist. Hier die beiden Formen der aktiven Anrufung und der passiven Bannung:

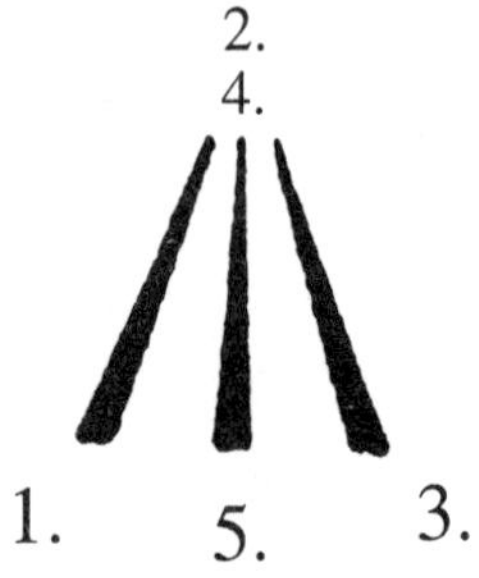

Anrufung
aktiv/männlich

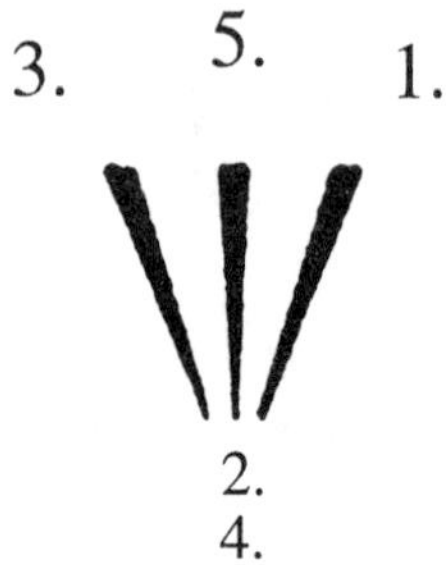

Bannung
passiv/weiblich

Und noch ein wichtiger Hinweis: Die beste Methode, die in den *Vier Zeichen des Portals* verborgenen Kräfte zu entdekken, ist das Experimentieren damit. Der Leser wird deshalb dazu ermutigt, die Wirkungen an sich selbst zu beobachten. Verwenden Sie jeweils nur ein Zeichen, wenn Sie mit einem bestimmten Element arbeiten, und wählen Sie unterschiedliche Bedingungen von Zeit, Umgebung und Wetter.

Lektion 6

Die Vier Sakramente der Erde

In dem Kapitel »Das Meer soll sie nicht haben« fordert der unerfahrene Arthur unbeabsichtigt den Zorn des Meeresgottes Llyr heraus. Aus denselben Gründen »opferten« die Kelten den Herrschern der Elementarreiche Substanzen mit besonderem energetischen Gehalt. Dies geschah alle sieben Tage einmal, am »Sonn-Tag« – eine Tradition, die von der christlichen Kirche, wenn auch in veränderter Form, bis heute fortgeführt worden ist.

Zahlreiche wissenschaftliche Untersuchungen haben ergeben, daß die moderne christliche Meßliturgie ihre gesamte Grundstruktur dem alten druidischen *Yr Offieryn* verdankt, wie es durch die Kuldeer-Kirche des hl. Columba von Iona, der einstigen »Druideninsel«, überliefert ist. Diese frühen keltischen Messen wurden vor dem Landvolk von einem weißgekleideten Oberdruiden gehalten, der das Wort »im Angesicht der Sonne, dem Auge der Wahrheit« an die Versammlung richtete. Die Standardform des *Yr Offieryn*, wie sie in ganz Irland, Britannien und Gallien verbreitet war, folgte fast immer demselben Ablauf:

Es wurde an einem Sonn-Tag, dem siebten Tag, abgehalten.
Eine Räucherung oder ein Feuer wurde dargebracht.

Eine einstimmige Anrufung wurde gesprochen[1].
Musik und heilige Gesänge wurden angestimmt.
Ein Text aus dem Sagenschatz wurde rezitiert.
Den vier Elementen wurde ein Opfer gebracht.

Dem Schlußakt der druidischen Messe, dem »Opfer«, gilt hier unsere besondere Aufmerksamkeit. Die wichtigsten druidischen Opfersubstanzen können folgenden Himmelsrichtungen, Darreichungsmethoden und Farben zugeordnet werden:

Element	Opfer	Methode	Farben	Himmelsrichtung
Feuer	Räucherwerk	Verbrennen	Rot/Weiß	Süden
Luft	Blume	Verstreuen	Gelb/Gold	Osten
Wasser	Wein	Ertränken	Blau/Silber	Westen
Erde	Brot (Salz)	Begraben	Grün/Schwarz	Norden

Warum sollten den Elementen in der heutigen Zeit Opfer dargebracht werden? Ein guter Grund dafür wäre, die Gunst der Elementarwesen zu gewinnen, die zwischen den Welten weilen, und so weitere Autorität als Magier in jenen Reichen zu erlangen. Außerdem kann eine höhere Sensibilität aufrechterhalten werden, wenn den Elementen regelmäßig an bestimmten Orten Substanzen mit einem besonderen Energiegehalt geopfert werden. Versuchen Sie es mit verschiedenen sonntäglichen Variationen von jeweils einer Opfergabe, oder verwenden Sie Kombinationen mit weiteren Entsprechungen, wie die folgende Übersicht zeigt:

Element	Wesen	Ort	Tag/Tageszeit
Feuer	Drache/Salamander	Wüste	Dienstag/Mittag
Luft	Elfe/Sylphe	Berg	Mittwoch/Morgendämmerung
Wasser	Nixe/Undine	See/Quelle	Montag/Abenddämmerung
Erde	Zwerg/Gnom	Tal/Höhle	Samstag/Mitternacht

[1] Als Anrufung wurde möglicherweise das *Lied von Amergin* rezitiert, das Sie in Lektion 1 dieses Buches finden.

In vielerlei Hinsicht kann das wiederholte Lesen des Romankapitels »Von Wind, Meer, Feuer & Stein« in *Merlyns Vermächtnis* zur Vertiefung dieser Lektion beitragen und Ihnen weitere Anregungen bringen. Auch der *Meisterplan der elementaren Entsprechungen* (siehe S. 67) kann Ihnen große Dienste leisten.

Lektion 7

Die acht Hain-Feste

In dem Kapitel »Auf diesem geweihten Grund« wird das keltische Maifest *Beltane* begangen. Genauso wie wir heute Jahreszeitenfeste feiern, die auf dem christlich-mythologischen Kalender beruhen, wie beispielsweise Weihnachten, Ostern und das Erntedankfest, hatten auch die Kelten ihre eigenen religiösen Festtage, die auf den Zyklen der Erde in Beziehung zu Sonne oder Mond basierten. Die Sonnwendfeiern und die Tagundnachtgleichen waren die vier *Albans*. Ihr Zeitpunkt wurde durch den Lauf der Sonne festgelegt. Die vier Festtage im Jahreszeitenkreuz – Samhain, Imbolc, Beltane und Lugnassad – wurden jedoch in »Zwischenzeiten« gefeiert. Ihr genauer Zeitpunkt wurde dadurch bestimmt, auf welchen Tag der Vollmond innerhalb des betreffenden Monats fiel. Damit Sie sich einen Überblick über die grundlegenden Zeiten und Symbole der acht Keltischen Hain-Feste verschaffen können, studieren Sie bitte als erstes das Schaubild *Druidisches Rad der Jahreszeiten*, das in der Einführung abgebildet ist (siehe S. 14). Wie jedes dieser Feste auf traditionelle druidische Art und Weise zu feiern ist, erfahren Sie in den acht folgenden Abschnitten.

* * *

SAMHAIN: das keltische »Totenfest«, die Nacht der Wilden Jagd. In dieser Nacht ist von der Abend- bis zur Morgendämmerung der Schleier zwischen dieser Welt und der Anderwelt am dünnsten, so daß Wesen unterschiedlichster Art leicht zwischen den Welten hin- und hergleiten können. Dies war das keltische Neujahr, das wichtigste Fest im Jahreszeitenrad.

Datum: der November-Vorabend (31. Oktober); Höhepunkt medialer Energien am letzten Vollmond (»Jägers Mond«) vor dem 1. November
Moderne Entsprechung: Halloween/Allerheiligen
Keltische Gottheiten: Gwynn ap Nudd, Samhan, Kerridwen
Zuordnung: Mondhälfte im Jahreszeitenkreuz, männlich
Bräuche: große Feuer, furchteinflößende Kostüme, Feueranrufung, Zauberkunststücke, Aushöhlen von Kürbissen, dunkle magische Riten von großer Macht
Symbole: Kürbisse, Maiskolbenbündel, Saturn, Giftkräuter, Totenschädel, schwarze Katzen & Hexen, Furcht/Ehrfurcht
Geweihte Speisen: Äpfel, rotes Fleisch, Rotwein, Kürbis, Wurzelgemüse (Kartoffeln, Pastinaken, Möhren, Rüben usw.)
Räucherwerk: Wermut, Tollkirsche, Stechapfel, Hanf; Apfelholzfeuer
Schwellenzeit: MITTERNACHT.

* * *

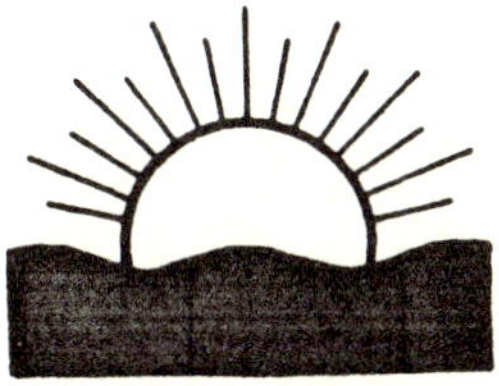

ALBAN ARTHAN (MITTWINTER): die keltische »Wiedergeburt der Sonne«, der kürzeste Tag des Jahres und die Nacht der größten Unausgewogenheit des Mondes. Nach dieser Nacht nimmt die Sonne mit jedem Tag an Kraft zu. Auch als das *Vigilien*-Fest bekannt. (Dieser Tag entspricht nicht der tatsächlichen Mitte des Winters, sondern *Mitt* bedeutet hier »Wendepunkt« der Sonne.)

Datum: circa 21. Dezember, Wintersonnwende
Moderne Entsprechung: Weihnachten, Julfest
Keltische Gottheiten: Kernunnos, Mabon
Zuordnung: Sonnengeschehen, männlich
Bräuche: Julscheite, Weihnachtsbäume, Stechpalme & Efeu, sich unter dem Mistelzweig küssen, Notfeuer während der Nachtwache bis zur Morgendämmerung, Glockenläuten/Schlittenglocken, Weihnachtsmann (Santa Claus)
Symbole: Yulbaum/Tannenzweige, Hirschgeweih/Rentier (Winterherr), Mistel
Geweihte Speisen: Weißwein, weiße Kuchen, Bitterkräuter, Minzen, Wacholdermet
Räucherwerk: Tanne, Zeder und Wacholder, Sandelholz; Tannenfeuer
Schwellenzeit: MORGENDÄMMERUNG.

* * *

IMBOLC/OIMELC: das keltische »Kerzenfest«, markiert die tatsächliche Mitte des eigentlichen Winters, die »Neige des Winters«. An diesem Tag wird in jedem Haushalt von der Abenddämmerung bis zum Morgengrauen eine einzelne Kerze brennen gelassen.

Datum: der Februar-Abend, 1. Februar; Höhepunkt medialer Energien am letzten Vollmond vor dem 1. Februar
Moderne Entsprechung: (Mariä) Lichtmeß, Tag der St. Brigid
Keltische Gottheiten: Brigit, Danu, Epona
Zuordnung: Mondhälfte im Jahreszeitenkreuz, weiblich
Bräuche: Abbrennen von Kerzen, Wiederentzünden des Herdfeuers
Symbole: einzelne Kerze, Herdfeuer
Geweihte Speisen: eingemachte, getrocknete und konservierte Nahrungsmittel
Räucherwerk: Meeresalgen und Muskatblüte
Schwellenzeit: MITTERNACHT.

* * *

Alban Eiler: das keltische »Vogelfest« des Frühlings. Traditionsgemäß ging das Volk von der Morgendämmerung bis zum Vormittag hinaus, um nach der Rückkehr von Zugvögeln Ausschau zu halten; wenn dies erfolgreich verlief, wurde anschließend geschmaust und gefeiert. Die heutige Verbindung von Eiern und Küken mit dieser Zeit ist ein Überrest der druidischen Beziehung zu Vögeln.

Datum: circa 21. März, Frühlings-Tagundnachtgleiche
Moderne Entsprechung: Ostern (gälisches Fest der Göttin Ishtar)
Keltische Gottheit: Taliesin
Zuordnung: männliche und weibliche Kräfte ausgewogen
Bräuche: Suchen und Bemalen von Eiern, Beobachten von Vögeln
Symbole: Kaninchen/Osterhase, Küken, Schwalben, bunt bemalte Eier
Geweihte Speisen: helle/leichte Nahrungsmittel, Fisch, Zukkerwerk aus Ahornsirup, Kalbsbries, Eier
Räucherwerk: Lavendel, Narzisse und Ginster
Schwellenzeit: Morgendämmerung.

* * *

BELTANE: das keltische »Blumenfest«, markiert den ersten Tag des keltischen Sommers oder der lichten Jahreshälfte.

Datum: Mai-Vorabend/1. Mai; Höhepunkt medialer Energien am letzten Vollmond vor dem 1. Mai
Moderne Entsprechung: Maifeiertag, Marienfeiertag, Walpurgisnacht
Keltische Gottheiten: Belenos, Flora, Blodeuwedd
Zuordnung: Mondhälfte im Jahreszeitenkreuz, männlich
Bräuche: buntes Treiben mit Tanz und Gesang, Festessen, Errichten des Maibaums, Blumen pflücken, grüne Kleider tragen, Feuer-Anrufung
Symbole: Maibaum, gelbe Narzissen, leuchtende Farben, freundlich lächelnde Sonne
Geweihte Speisen: Süßigkeiten und Süßspeisen, Kuchen, Plätzchen, kein Fleisch, Früchte
Räucherwerk: Flieder, Heidekraut, Apfelblüte
Schwellenzeit: MORGENDÄMMERUNG.

* * *

ALBAN HEFFYN (MITTSOMMER): das keltische »Eichenfest«, das den Vorabend des längsten Tages markiert. Wie bei seinem Gegenstück *Alban Arthan*, dem Mittwintertag, bedeutet »Mitt« hier nicht die tatsächliche Mitte des Sommers, sondern einen der beiden Wendepunkte im Jahreslauf der Sonne, die an diesem Tag den Höhepunkt ihrer Kraft und Einwirkung erreicht. Auch die Eiche, das höchste druidische Symbol für die Sonnenbruderschaft, befindet sich zu diesem Zeitpunkt auf dem Gipfel ihrer Energie.

Datum: circa 21. Juni
Moderne Entsprechung: Sommersonnwende, Johannistag
Keltische Gottheiten: Ogmios, (Arianrhod), Huon, Math
Zuordnung: Sonnengeschehen, männlich
Bräuche: Notfeuer, Springen über oder zwischen zwei Feuern aus Eichenholz, am Vorabend Suche nach Elfen, Riten der Inspiration, der Sonne geweihte Pflanzen sammeln (Johanniskraut, Heckenrose, Eichenblüten), Vorlesen im Kreis
Symbole: die Eiche – Blätter, Eicheln, Rinde, Eichenlaubkränze; »Puck« der Waldkobold, das Sonnengesicht, emporlodernde Flammen, Pan
Geweihte Speisen: Eichenwein, frisches Frühlingsgemüse, helles Brot, junger Käse
Räucherwerk: Mischung aus Eiche und Mistel, Johanniskraut, rote Heckenrose, Farn
Schwellenzeit: ABENDDÄMMERUNG.

* * *

Lugnassad: das keltische »Kornfest«, auch als »Brotfest« oder »Fest der sportlichen Wettkämpfe« bezeichnet.

Datum: 1. August, wird traditionell 15 Tage davor und 15 Tage danach gefeiert, wobei das eigentliche *Lugnassad* in der Mitte liegt; Höhepunkt medialer Energien am letzten Vollmond vor dem August-Vorabend

Moderne Entsprechung: »Halb-Messe« (christianisierte Form)

Keltische Gottheit: Lug (Lugh) oder Lleu (Llew), der alte keltische Korngott, der geopfert wird und wieder aufersteht, um die Ernte-/Erdmutter Augusta zu ehren; Schutzgottheit der Wettspiele und Festlichkeiten

Zuordnung: männlich für die Druiden, weiblich für die Mutterschaft, die das Fest als *Lunassad* für die Mondmutter am dem 1. August nächsten Vollmond beging

Bräuche: Spiele, Wettkämpfe, den Olympischen Spielen ähnliche Veranstaltungen, Speerwurf, Fechten/Schwertkampf, »*Lammas*-Türme« (Mannschaftskämpfe beim Errichten von Feuern mit Anmachholz), Festessen, Eheversprechen (auf Probe für ein Jahr und einen Tag), Sammeln von Goldkamille (den *Golden Pipes of Lleu*) und Gelbklee für Kränze

Symbole: Weizenhalme (symbolisch für Lughs Magischen Speer), Brotlaibe, ein Speer, Goldkamille, Sense/Sichel

Geweihte Speisen: Getreidebrote, goldener Wein/Löwenzahn, Geflügel/Vögel, Fisch (kein rotes Fleisch), Hafergrütze, Kuchen und Kekse aus Hafermehl, noch nicht ganz reifes Korn, Erdbeeren

Räucherwerk: Goldkamille (im walisischen *Ogham*-System auch als »Stechginster« bekannt), Ringelblume, Sonnenblume, Haferstroh

Schwellenzeit: MITTAG.

* * *

ALBAN ELVED: das keltische »Weinfest«, das heidnische Dankfest.

Datum: circa 21. September, Herbst-Tagundnachtgleiche

Moderne Entsprechung: Erntedankfest

Keltische Gottheiten: Mabon (Herr der Ernte/großer Sohn), Bran & Branwen

Zuordnung: Sonnenhälfte im Jahreszeitenkreuz, weiblich-passiv; Wasser

Bräuche: Erntefest (gewöhnlich am Vorabend des Vollmondes abgehalten, der am nächsten zur Tagundnachtgleiche liegt), reife Feldfrüchte pflücken (oft Rüben oder Kürbisse für *Samhain*), späte Getreideernte und Garbenbinden, Angeln, Traubenernte, Keltern und Weinbereitung

Symbole: Weintraube/Weinstock, Getreidegarben, ein Fisch, Füllhorn, Flaschenkürbis

Geweihte Speisen: Rotwein; wild lebende, jagdbare Tiere (Wildbret, Fisch, Fasan, Wachtel usw.); Kürbisse, Melonen und weitere Kletterpflanzen, gehaltvolle Gemüsebrote und -kuchen, Eintopfgerichte/dicke Gemüsesuppen

Räucherwerk: Beifuß, Myrrhe, Salbei, Balsamstrauch, Schwertlilie

Schwellenzeit: ABENDDÄMMERUNG.

Lektion 8

Die sechzehn Heilkräuter von Diancecht

... die Ankunft der Fomorier war schrecklich.
An diesem Tag lag kein Glanz
auf den Tuatha De Danann, als sie sich
aus dem Kampf herauszogen:
Sie waren verwundet und erschöpft –
Diancecht ging mit Heilkräutern
bei ihnen umher.

Celtic Wonder Tales

In dem Kapitel »Der Garten« erhält Arthur eine gründliche Einführung in die auf den Elementen beruhende Kräuterkunde. Er lernt, auf welche Art und Weise Pflanzen als Verkörperung eines bestimmten Elementarreiches gesehen werden können. Das *Pheryllt*-Manuskript widmet den 16 Heilkräutern, die als die Grundausstattung der druidischen Medizin galten, ein längeres Kapitel. Von diesen sind jeweils vier einem der Elementarreiche zugeordnet. Nach der keltischen Tradition des »ein Jahr und ein Tag« kommt noch eine Pflanze hinzu, die außerhalb dieser Ordnung steht.

Erde
Baldrian
Helmkraut
Frauenschuh
Wermut

Luft
Golden Pipes (Kamille)
Ringelblume
Schafgarbe
Eisenkraut

Wasser
Katzenminze
Hopfen
Weide
Kegelblume (Echinacea)

Feuer
Gelbwurz
Johanniskraut
Kreuzdorn
Wintereiche

Die *Mistel* wurde als das zusätzliche siebzehnte Kraut angesehen. Eine kleine Menge dieser heiligen Schmarotzerpflanze, die nach dem Glauben der Druiden den »Geist« ihrer Wirtspflanze enthielt, wurde allen Heilmitteln und magischen Rezepturen hinzugefügt, wodurch sich ihr anderer druidischer Name *Uchelwydd* oder »All-Heil« erklärt.

Die oben angeführten Kräuter waren Teil jener Grundausstattung an Heilmitteln, die in kleinen Mengen von allen druidischen Heilern zur Behandlung der Bevölkerung mitgeführt wurden. Sie wurden entweder in getrockneter, pulverisierter Form transportiert und, wenn notwendig, in heißem Wasser aufgelöst oder durch das Vergären mit Getreide (Fermentation) als Tinktur auf Wasser/Alkohol-Basis dargereicht. Die Tinktur ist für den »modernen Druiden« besser geeignet und kann auf die folgende Art und Weise hergestellt und angewendet werden:

Nehmen Sie eine Unze (etwa 30 g) des getrockneten Krautes, geben Sie es in ein Glasgefäß, und bedecken Sie es mit der doppelten Menge eines klaren Gärungsalkohols (Wodka ist üblich). Lassen Sie dies zwei Wochen stehen und gießen es dann durch ein Sieb oder Tuch und füllen die Flüssigkeit in bernsteinfarbene Tropfflaschen, die Sie mit Etiketten versehen.

Für die Dosierung gilt die Standardregel: ein Tropfen auf jeweils zehn Pfund Körpergewicht, und zwar alle drei Stunden. Bei heftigen Symptomen nehmen Sie die doppelte Menge. Nur bei sehr jungen, sehr alten oder schwerkranken Menschen ist die Dosierung eine schwierige Frage. Wenn Sie die druidische Tradition befolgen möchten, so fügen Sie jedem der 16 Grundmittel pro Dosis einen Tropfen der Misteltinktur hinzu – sie wird als »Energiekatalysator« und Auslöser für die Heilkraft der Pflanze wirken. Im *Book of Pheryllt* wird weiterhin erwähnt, daß ein druidisches »Heilkräuter-Kästchen«, das etwa die Größe einer Zigarrenschachtel hatte und leicht zu transportieren war, gewöhnlich aus dem Holz der Weide gefertigt war: einem Baum, dem die Kelten besondere mystische und heilende Kräfte zuerkannten. (In der Tat sind Weidenblätter reich an Salicyl, aus dem ursprünglich *Aspirin* gewonnen wurde.)

Die 16 Heilkräuter[1] besitzen die folgenden heilenden Eigenschaften bzw. sind Heilmittel für[2]:

Baldrian: wirkt beruhigend; Krämpfe, Schmerzen, Husten
Helmkraut: alle nervösen Zustände, Fieber, wirkt kühlend
Frauenschuh: Nervenmittel, Verdauungsbeschwerden, Kopfschmerzen
Wermut: Verdauung, Leber/Gallenblase, Würmer; äußerlich bei Insektenstichen, Verstauchungen und Quetschungen, Rheuma
Katzenminze: Verdauung/Magenschmerzen oder -krämpfe, wirkt beruhigend (ausgezeichnet für Kinder), Fieber, Kopfschmerzen, Bronchitis, Durchfall

---

[1] siehe Anm. 3, Lektion 1

[2] Die in dieser Lektion beschriebenen Kräutertinkturen wurden vom Autor mit Sorgfalt zusammengestellt und lange erprobt. Dennoch ist bei schwerwiegenden und längeranhaltenden Krankheiten der Rat eines naturheilkundlich orientierten Arztes oder Heilpraktikers einzuholen. Autor und Verlag können keine Verantwortung für die Anwendung der Tinkturen übernehmen.

Hopfen: fördert den Schlaf, leber-/verdauungsfördend, bei Blähungen und Krämpfen; äußerlich antibiotische Wirkung bei Furunkeln, Geschwülsten, Schwellungen und Hautentzündungen, wirkt kühlend

Weide: Schmerzen, Fieber, Arthritis, Nieren-/Blasenbeschwerden, antiseptisches Mittel zum Gurgeln, bei Mandelentzündung, wirkt kühlend

Echinacea: antibiotische Wirkung (regt das Immunsystem an), Abszesse an Zähnen oder anderen Stellen des Körpers, Lymphschwellungen, verdauungsförderndes Mittel

Kamille: Magenschmerzen/Verdauungsbeschwerden/Blähungen, beruhigendes Mittel gegen Schlaflosigkeit bei Kindern, als Augenwasser und bei offenen Wunden, Nierenmittel

Ringelblume: äußerlich für Wunden, Verbrennungen, blutende Hämorrhoiden; in Öl für Ohrenschmerzen; Vaginalentzündungen

Schafgarbe: innere Blutungen (besonders der Lunge), Blähungen, Durchfall, Fieberzustände (bei Masern, Erkältung und Grippe); wirkt antiseptisch

Eisenkraut: Erkältung, Grippe, Husten, Entzündungen der oberen Atemwege, bei Mundkrankheiten, Schlaflosigkeit, Lungenentzündung, Asthma

Gelbwurz: antibiotische Wirkung bei allen innerlichen und äußerlichen Gesundheitsproblemen; Augenwasser, entzündliche Frauenleiden, Wunden, Hautkrankheiten, Erkältungen/Viruserkrankungen/Infektionen

Johanniskraut: Nerven, Bettnässen, Lebertonikum, Schlaflosigkeit; in Olivenöl abgekocht zwei Wochen lang bei: Geschwülsten, allen Hautleiden, Wunden, Geschwüren, Verbrennungen, vergrößerten Drüsen, Quetschungen und Muskelschmerzen

Kreuzdorn: wirkt abführend, verdauungsanregend, Blähungen, Leber, Gallenblase/Steinbildung

Wintereichenrinde: innere Blutungen, Vaginalentzündungen, hervorragende antiseptische Wirkung bei Wunden/Hautleiden, Insektenstichen, Hämorrhoiden, geschwollenen Drüsen, Geschwülsten, lymphatischen Schwellungen, Krampfadern; als Mundwasser bei Zahnfleischproblemen; Stärkungsmittel

Mistel: Schwindel, Benommenheit, Herzprobleme/Herzklopfen, Bluthochdruck, Arteriosklerose, Nervenmittel.

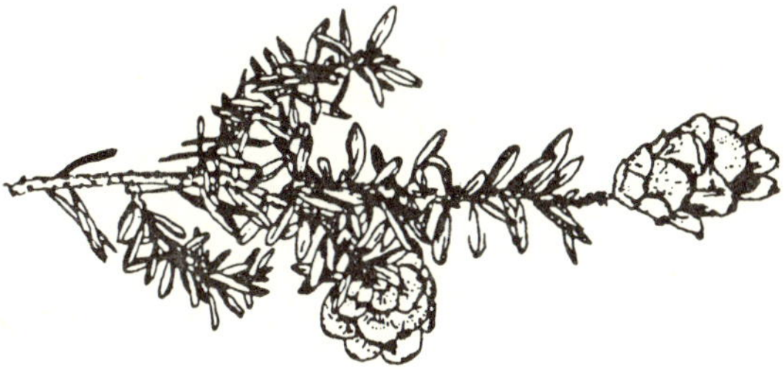

Lektion 9

Der Ritus der Drei Strahlen

In dem Kapitel »Die Herausforderung« ist Arthur in einen magischen Wettkampf mit einem anderen Lehrling verwickelt. Wenn er diesen Kampf gewinnen will, muß er geschickt alles anwenden, was er während seiner Ausbildung über die Anderwelt gelernt hat.

Auch als erwachsene Priester wurden die Druiden oft in Situationen gebracht, die von ihnen verlangten, höhere Kräfte heranzuziehen, die ihnen Führung, Stärke und Schutz geben konnten. Dem *Book of Pheryllt* zufolge wurden diese Kräfte in der Regel durch eine Anrufung beschworen, die als der *Ritus der Drei Strahlen* bezeichnet wurde. Die »Drei Strahlen« sind gleichbedeutend mit den *Drei Erleuchtungen von Awen.* Dieser einst sehr gebräuchliche Ritus hatte genau dieselbe Funktion wie alle Bannrituale des Pentagramms, deren Verwendung heute bei *Wicca*-Gruppen oder magischen Systemen, die auf dem *Order of the Golden Dawn* beruhen, weitverbreitet sind, nämlich die schützende Reinigung. Der Ritus sollte mit Eifer und Konzentration praktiziert werden, bis er ganz selbstverständlich geworden ist, und in jeder (magischen) Situation angewendet werden, wo Stärke, Schutz, Inspiration oder höhere Kräfte angerufen werden müssen, oder wenn Körper-Geist-Seele von unerwünschten Kräften befreit werden sollen oder auch, um negative äußere Faktoren abzuhalten.

Der Ritus wird wie folgt begangen:

1. Stellen Sie sich an einen Platz, wo Licht, vorzugsweise direktes Sonnenlicht von oben auf Ihren Kopf fällt (ideal dafür ist die Mittags-Schwellenzeit).

2. Schließen Sie die Augen, atmen Sie tief ein, und werden Sie ganz ruhig.

3. Sobald Sie einen Zustand sicherer Selbstbeherrschung erlangt haben, atmen Sie tief ein, während Sie gleichzeitig beide Hände hoch über Ihren Kopf heben.

4. Ziehen Sie Ihre Hände langsam wieder nach unten zurück an die Seiten des Körpers, während Sie den ersten der drei Laute anstimmen: I *(wie ein langgedehntes* IIIIIIII *ausgesprochen). Schätzen Sie die Zeit des Ausatmens sorgfältig ab, so daß sich Ihr Atem genau in dem Augenblick erschöpft, in dem Ihre Hände die Oberschenkel erreichen.*

5. Wiederholen Sie diesen Vorgang, und atmen Sie dieses Mal den zweiten Laut aus: A *(wie ein langgedehntes* Ahhhhhhhh*).*

6. Wiederholen Sie dies ein letztes Mal, und intonieren Sie dabei den Laut: O *(wie* OOOOOOOOO *ausgesprochen).*

7. Machen Sie keine Pause, wiederholen Sie den Vorgang, und verbinden Sie dabei alle drei Laute zu einem einzigen Klang: IIIII-Ahhhhh-OOOOOO. *Öffnen Sie dann wieder Ihre Augen.*

Im Laufe der Zeit hat es viele Abwandlungen dieses Ritus gegeben. Jeder Zweig des Druidentums (d. h. der irische, der britannische und der gälische) hatte seine eigene Form, doch die innere Symbolik war die gleiche. In allen Formen verkörperte der rechte Strahl die männlichen Eigenschaften der Sonne und der linke Strahl die weiblichen Mondenergien. Der mittlere oder »Kristallstrahl« stand für das Sowohl-Als-auch und das Weder-noch und war damit der Strahl der Ausgewogenheit und Trennung. Wie bei den Übungen der anderen Lektionen wird die aktive Mitwirkung dem Leser auch hier unerwartete und fruchtbare Ergebnisse bringen.

Der *I*-Laut (der linke Strahl der Göttin) stand für die weiblichen, zusammenziehenden Eigenschaften des Wassers und wurde als einzelner Laut dazu verwendet, die höheren Kräfte nach unten zu ziehen. Der *A*-Laut (der Kristallstrahl) entsprach dem mittleren Strahl der Ausgewogenheit, dem Luftprinzip, und er wurde dann angerufen, wenn es um Stabilität ging. Der O-Laut (der feurige rechte Strahl Gottes) war offen und ausdehnend; er wurde dann angerufen, wenn männliche Kräfte erwünscht waren. Diese Laute wurden auch in unterschiedlichen Kombinationen zu verschiedenen Zwecken verwendet – je nach Art der Umstände und dem gewünschten Ergebnis. Jeder Laut zieht eine andere Form von Energie herab, und der Schüler wird durch eigenes Experimentieren dazu in der Lage sein, zahllose magische Anwendungsbereiche zu entdecken. Es handelt sich dabei um einen machtvollen Ritus, Sie werden es herausfinden.

Abschließend sei erwähnt, daß es zwei unterschiedliche Formen des *Symbols der Drei Strahlen* gibt: eine männliche und eine weibliche, wie auf der folgenden Abbildung zu sehen ist:

Diese beiden Formen sind grundlegend den Ritualen der »Anrufung/Bannung« ähnlich, die in der modernen westlichen Magie weit verbreitet sind. Der oben beschriebene siebenstufige Ritus ist als »aktive Form« bekannt, wobei erwünschte Kräfte nach unten gezogen werden. Um unerwünschte Kräfte von sich selbst oder aus einem bestimmten Raum zu verbannen, muß die Reihenfolge des Rituals genau umgekehrt werden:

> *Beginnen Sie mit* O, *und heben Sie die Hände beim Ausatmen nach oben; fahren Sie dann mit* A *und* I *fort usw.*

In einigen Romankapiteln von *Merlyns Vermächtnis* sind Anwendungsmöglichkeiten des *Ritus der Drei Strahlen* enthalten.

Lektion 10

Die Schlacht der Bäume

Insbesondere waren die Bäume geheimnisvoll und schienen mir den unverständlichen Sinn des Lebens unmittelbar darzustellen. Darum war der Wald der Ort, wo man tiefsten Sinn und schauervolles Wirken am nächsten fühlte.

C. G. Jung[1]

In dem Kapitel »Nicht alles, was glänzt …« legen Arthur und sein neu gewonnener Freund Morfyn mit einer Verbindungskette zwischen den Bäumen eine einzigartige Falle. Man könnte, keineswegs ohne historische Genauigkeit, allen Ernstes behaupten, daß die Kelten im allgemeinen – und besonders die Druiden – von Bäumen geradezu »besessen« waren! Alle Arten von Bäumen waren ihnen heilig, denn für sie hatte jeder Baum eine eigene, besondere Persönlichkeit und Lebenskraft. Tatsächlich waren Bäume das Herzstück und die Grundlage der gesamten druidischen Philosophie. Wie bei den nordischen Schulen des Mystizismus war ein bestimmter Baum das

[1] *Erinnerungen, Gedanken, Träume von C. G. Jung*. 8. Aufl., Olten (Walter-Verlag) 1992, S. 73.

privilegierte Wesen, das »eine Brücke zwischen Himmel und Erde schlug«. Für die Skandinavier war dies die Esche und für die Kelten die Eiche. In der Tat hat das Wort »Druide« die Bedeutung »Eichen-Mann«.

Wir wollen unsere Aufmerksamkeit hier jedoch auf das heilige *Ogham*-Baumalphabet, die »Baum-Buchstaben« der Druiden, richten. Das *Book of Pheryllt* ist bei weitem nicht die einzige Informationsquelle über *Ogham*, da diese ungewöhnliche Schrift gut dokumentiert ist und zu den wenigen raren Fragmenten einer »nicht-christianisierten« druidischen Überlieferung zählt, die bis heute unversehrt erhalten geblieben ist. Das *Pheryllt*-Dokument geht noch einen interessanten Schritt weiter: Es zieht einige außergewöhnliche bildliche Symbolverbindungen zwischen der »keltischen« Rangordnung der Bäume und unterschiedlichen Wesensmerkmalen von Menschen und ihren Göttern und dehnt dies bis zur ägyptischen Symbolik des *Tarot* aus, den »21 Blättern des Buches der Weisheit«. (Dabei ist aufschlußreich, daß sowohl das *Ogham*-System als auch das Tarot um eine Grundeinheit von 21, die Großen Arkana, aufgebaut sind.)

Zum Zweck einer klaren und brauchbaren Zusammenfassung ist das ganze System in Form einer Übersichtstabelle angeordnet worden.

Im Laufe der Zeit ist unter den Gelehrten beträchtliche Verwirrung über die Anordnung der Bäume oder ihren Rang innerhalb des Systems entstanden, insbesondere zwischen der irischen und der britannischen Version. Auch in diesem Punkt sorgt das *Book of Pheryllt* für Klarheit und unterscheidet zwischen dem »religiösen *Ogham*«, das von den alten *Pheryllt*-Priestern verwendet wurde, und dem »gewöhnlichen *Ogham*«, das auf einer neuen Reihenfolge beruhte, die durch das *Câd Goddeu*, die »Schlacht der Bäume«, um 400 v. Chr. festgelegt wurde. Die neuere sogenannte »irische Reihenfolge« ist in vielen Sachbüchern über die Kelten zu finden (besonders zu erwähnen ist hier Robert von Ranke-Graves' *Die Weiße Göttin*[2]).

[2] Ranke-Graves, Robert von: *Die Weiße Göttin. Sprache des Mythos*. Reinbek (Rowohlt) 1985 (siehe Anm. 1, S. 182).

Die Anordnung der Bäume vor der Schlacht, die auf den ihnen innewohnenden spirituellen Eigenschaften beruht, ist in der anschließenden Übersichtstabelle dargestellt. Zu Studienzwekken ist die Graves'sche Übersetzung des *Câd Goddeu* in den Anhang aufgenommen worden (siehe S. 179).

Schließlich soll hier angeregt werden, daß der Leser Gebrauch von den Symbolverbindungen innerhalb der Tabelle macht, um mit den vielen Persönlichkeitsmerkmalen der Bäume eigene Erfahrungen zu sammeln – und sie für sich zu bestätigen. Als Hilfsmittel für diese Studien wird hier das Rezept für einen der neun druidischen »Tränke der Inspiration« weitergegeben: Dieser Trank ist dazu bestimmt, die Verbindungslinien zwischen der Menschenwelt und dem Pflanzenreich zu verstärken.

Geben Sie auf fünf Eßlöffel Quellwasser jeweils eine Prise der folgenden Zutaten:

Nachtkerzenblüten
Weidenrinde
Thymian

Stellen Sie die Mischung in einem verschlossenen Glasgefäß drei Tage lang in die Sonne. Seihen Sie es durch und fügen einen Teelöffel Apfelessig als Konservierungsmittel hinzu.

Aktivieren Sie die Mischug dadurch, daß Sie einen Teelöffel Chlorophyll (vorzugsweise einen Auszug aus Alfalfa oder Gelbklee) hinzufügen.

Nehmen Sie vor einem Werk der Magie, zu dem ein Kontakt zu Bäumen oder Pflanzen gehört, davon drei Tropfen unter die Zunge.

»Die Persönlichkeit der Bäume«

BAUM	OGHAM	ELEMENT	RANG	PERSÖNLICHKEITS-GEGENSÄTZE	GOTTHEIT	TAROT-ENTSPRECHUNG
Eiche (Duir)	D	FEUER	Anführer	**väterlich / dominierend**	Belenos	Der Kaiser
Erle (Fearn)	F, V	FEUER	Anführer	**ehrgeizig / impulsiv**	Bran	Die Kraft
Weißdorn (Huatha)	H	FEUER	Bauer	**leidenschaftlich / grausam**	Rhiannon	Das Urteil
Stechpalme (Tinne)	T	FEUER	Busch	**entschlossen / gefühllos**	Cuchulainn	Der Wagen
Stechginster (Ohn)	O	FEUER	Gesträuch	**wohlhabend / selbstgefällig**	Llew	Die Sonne
Birke (Beith)	B	LUFT	Anführer	**glücklich / unreif**	Mabon	Der Stern
Esche (Nuin)	N	LUFT	Bauer	**anmutig / selbstbezogen**	Gwydion	Die Welt
Eberesche (Luis)	L	LUFT	Busch	**spirituell / fanatisch**	Math	Der Hohepriester
Schilf (Ngetal)	NG	LUFT	Gesträuch	**anpassungsfähig / unentschlossen**	Arianrhod	Rad des Schicksals
Heidekraut (Ur)	U, W	LUFT	Gesträuch	**sorgenfrei / oberflächlich**	Blodeuwedd	Der Narr
Wildapfel (Quert)	Q	WASSER	Anführer	**mütterlich / willensschwach**	Kerridwen	Die Kaiserin
Weide (Saille)	S	WASSER	Anführer	**weise / verbittert**	Epona	Der Mond
Espe (Eadha)	E	WASSER	Bauer	**vorsichtig / unsicher**	Llyr	Der einstürzende Turm
Haselstrauch (Coll)	CK	WASSER	Busch	**großzügig / trügerisch**	Branwen	Die Hohepriesterin
Weinstock (Muin)	M	WASSER	Gesträuch	**mitfühlend / abhängig**	Brigantia	Die Liebenden
Kiefer (Ailim)	A	ERDE	Bauer	**mitteilsam / introvertiert**	Kernunnos	Der Teufel
Eibe (Joho)	I, J, Y	ERDE	Bauer	**ausdauernd / leicht erregbar**	Samhan	Tod
Schwarzdorn (Straif)	ST, Z, SS	ERDE	Busch	**aufrichtig / trügerisch**	Taliesin	Mäßigung
Holunder (Ruis)	R	ERDE	Busch	**intelligent / unglücklich**	Morrigan	Der Gehängte
Efeu (Gort)	G	ERDE	Gesträuch	**strebsam / faul**	Ogmios	Gerechtigkeit
Mistel (Uchelwydd)	/|\	Die 6. Nacht	?	unmanifestiert	Der Geist	Der Einsiedler ist zurückgezogen
Buche (Phagos)	I	Eklipse	?	Schwelle	(Janus)	*
Prunkwinde (Taglys)	@	Morgendämmerung	?	Schwelle	(Manawyddan)	*
Kürbis (Pympen)	△	Abenddämmerung	?	Schwelle	(Huon)	*

Lektion 11

Die acht Lieder des Jahreszyklus

In dem Kapitel »Liedzauber« wird Arthur über die große esoterische Bedeutung von *Cerddoriaeth* in der druidischen Lehre unterrichtet. Musik war in der Tat von solcher Wichtigkeit für die keltische Priesterschaft, daß sich ein ganzer Rang ihres Ordens – die Barden – ihrer Verbreitung und ihrem Studium widmete.

Doch abgesehen von den Druiden selbst maß auch das keltische Stammesvolk der Musik großen Wert bei und wies ihr bei jedem der acht Hain-Feste eine sehr wichtige Rolle zu. Die Grundlage sowohl für die druidische als auch die keltische Musik leitete sich direkt von einem Notensystem ab, das fast identisch mit dem griechischen war. Es gab sieben Tonarten, sieben Saiten auf einer Volksharfe, sieben Töne auf der Tonleiter, von denen jeder einem der sieben Himmelskörper entsprach. Kurz gesagt, die Zahl »7« stand in mehrfacher Hinsicht symbolisch für »Musik«.

Die folgende Übersicht zeigt eine Rekonstruktion der sieben Tonarten mit ihren traditionellen Assoziationen.

MARS ionisch
»Kräftigstes Rot«

MERKUR dorisch
»Stärke eines Arztes«

SONNE phrygisch
»Schild von Kriegerscharen«

VENUS lydisch
»Schönheit der Gestalt«

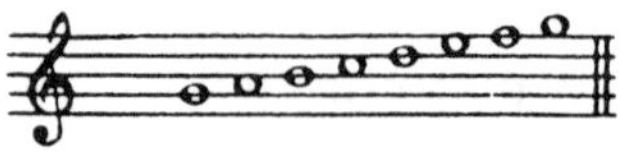

MOND mixolydisch
»Zunahme von Geheimnissen«

JUPITER äolisch
»Die Kraft des Mannes«

SATURN lokrisch
»Ältester Wald«

Die keltische Musik bestand aus drei harmonischen Klangeinheiten: den *Monaden* (einzelne Töne/Körper), *Diaden* (Intervalle aus zwei Tönen/Intellekt) und *Triaden* (drei zusammenklingende Töne/höherer Geist). Jedes Intervall, d.h. der Abstand zwischen zwei Noten, die zusammen gehört werden, wurde als Ausdruck bestimmter emotionaler und spiritueller

2. Oktave
»Fleiß der Bienen«

3. Oktave
»Zimmermanns-arbeit«

4. Oktave
»Wolfsrudel«

5. Oktave
»An kalten Wohnstätten«

6. Oktave
»Süßer als Gräser«

7. Oktave
»Lautestes Stöhnen«

8. Oktave
»Große Gleichlänge«

Eigenschaften angesehen, die zur Intensivierung von religiösen Riten und magischen Handlungen genutzt werden konnten. Die obige Darstellung zeigt in einfacher Form die in den sieben Grundintervallen enthaltenen Energien, so wie sie von dem bardischen Orden verwendet wurden, und dazu ein eingängiges Liedbeispiel, um sich den Klang jeder Tonart anzueignen.

Die ergänzten spirituellen Eigenschaften stammen aus dem dritten Kapitel des *Book of Pheryllt.*

Zwischen druidisch-heiliger und keltisch-weltlicher Musik wurde ein deutlicher Unterschied gemacht. Wie bei den heiligen Lehren war es durch ein bardisches Gesetz verboten, heilige Musik schriftlich aufzuzeichnen. Trotzdem finden wir aus der Endzeit des Druidentums mehrere schriftlich festgehaltene Stücke heiliger Musik – zum Glück, denn sonst hätten wir nie etwas von ihrer Existenz erfahren. Wenn die Druiden Noten aufzeichneten, benutzten sie eine Form der *Ogham*-Baumschrift, wobei jede *Ogham*-Rune einer der 20 Saiten der irischen Harfe entsprach. Dr. Sean O'Boyle hat in dem Kapitel »Ogham and Magic« seines hervorragenden Buches *Ogham: The Poet's Secret*[1] die Verbindung zwischen der *Ogham*-Schrift und der modernen Notenschrift – hier für Harfe und Klavier – wie folgt entziffert:

Hier nun in moderner Notenschrift die Sequenz,
die meiner Meinung nach durch das Ogham-Aphabet
wiedergegeben wird.

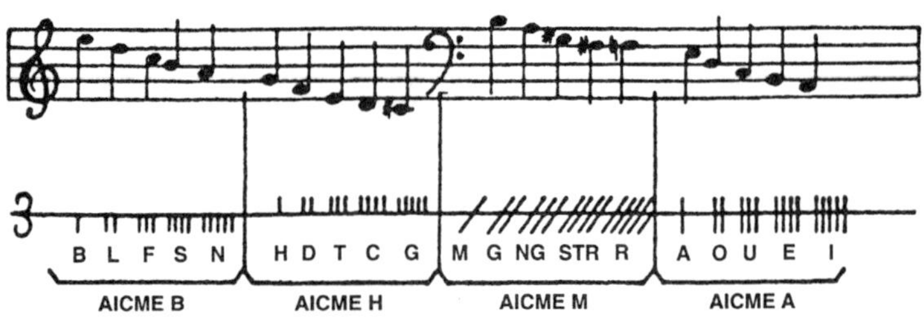

Beachten Sie, daß im Ogham die Tonhöhe
nicht angegeben ist.

[1] O'Boyle, Sean: *Ogham: The Poet's Secret.* Dublin (Gilbert & Dalton) 1980.

In den *Pheryllt*-Manuskripten finden sich acht Melodien, die als *Englyns* bezeichnet werden – ein altes walisisches Wort mit der Bedeutung »Lieder«. Sie sind in der *Ogham*-Schrift aufgezeichnet. Jedes von ihnen trägt einen Namen, der es mit einem bestimmten Hain-Fest in Verbindung bringt. Obwohl die Noten nicht mit einem Liedertext versehen sind, waren viele der Weisen allgemein bekannt und wurden seitdem in viele Liedersammlungen aufgenommen, die heute leicht zugänglich sind. Diese acht Hain-*Englyns* werden anschließend für diejenigen Leser wiedergegeben, die daran interessiert sind, die Energien der alten druidischen Tonfolgen zu erforschen und zu der jeweils passenden Jahreszeit zu nutzen. Wenn Sie keine Noten lesen können, dann wenden Sie sich an jemanden, der dazu in der Lage ist (das kann ein Klavierlehrer in Ihrer Nähe oder ein Nachbarjunge sein, der Flötenunterricht nimmt). Nehmen Sie die Lieder auf, und lernen Sie diese der Reihe nach zu singen. Als nächster Schritt wäre es gut, zu den Melodien Liedertexte zu verfassen, welche die Stimmung und Energie der dargestellten Jahreszeit einfangen. Obwohl es gewöhnlich als ein Sakrileg angesehen wurde, heiligen Gesang mit Klängen von Instrumenten zu vermischen, die von Menschenhand gebaut wurden, machte man für keltische Felltrommeln oder Kürbisrasseln meistens eine Ausnahme. Diese dienten jedoch mehr einer gleichbleibenden rhythmischen Untermalung denn als wirkliche Musikinstrumente. Der kreativen Nutzung des Materials auf den folgenden Seiten sind keine Grenzen gesetzt – probieren Sie es einmal selbst aus.

Es gab bei den Druiden auch den Brauch, kunstvolle magische Rituale für ein Lied zu ersinnen; dabei mußten die emotional gefärbten Handlungen, die »Höhen & Tiefen« des Ritus mit der Wirkung der Musik übereinstimmen. Die Druiden wußten, daß dies dazu beitragen würde, die erwünschten Energien auf eine vielfach stärkere Weise freizusetzen. Der interessierte Leser wird dazu angeregt, mit seiner eigenen Technik zu experimentieren und ein Musikstück für die Verwendung während des *Ritus der Drei Strahlen* oder eines anderen *Ritus der Auf-*

nahme auszuwählen. Denken Sie jedoch daran, daß es nicht bloß um eine Hintergrundmusik während der Durchführung des Rituals geht. Die Musik und die magischen Handlungen müssen auf eine genau festgelegte symbolische Art und Weise miteinander verwoben sein, damit diese Technik wirksam werden kann.

Es folgen einige Vorschläge für klassische Kompositionen, die wegen ihrer unheimlichen und/oder ehrfurchtgebietenden Stimmung für solche Zwecke geeignet sind:

Kanon von Pachelbel
Danse macabre von Camille Saint-Saëns
Le Sacre du Printemps und *Feuervogel-Suite* von Igor Strawinskij
Ancient Voices of Children und *Time Cycle* von George Crumb
Celtic Symphony von Alan Stivell
Die Planeten von Gustav Holst
Messe in h-moll von J. S. Bach
Adagio for Strings von Samuel Barber
Feuerwerksmusik von G. F. Händel
Sinfonia Antartica von Vaughan Williams
Greensleeves Fantasia
Ceremony of Carols von Benjamin Britten
Ritt der Walküren von Richard Wagner
Nußknacker-Suite und *Schwanensee* von Peter Tschaikowsky
Carmina Burana von Carl Orff
Symphonische Metamorphosen und *Requiem* von Paul Hindemith
Three Places in New England von Charles Ives.

1. »Llwyn On«
(Englyn für Beltane)

Walisisches Volkslied

Dieses lebhafte Lied, das in seiner volkstümlichen Form den Titel *The Ash Grove* (»Der Eschenhain«) trägt, ist dazu bestimmt, die sprudelnden Bäche, das frische Grün der Blätter und den Tanz der leichten Sommerbrise widerzuspiegeln. Die Barden weihten diese Melodie Gwydion.

2.

»Dalen Gwyr«

(Englyn für die Sommersonnwende)

Dieses sehr beliebte englische Lied ist möglicherweise älter als irgendein anderes *Englyn* aus dieser Sammlung und zieht sich in dieser oder anderer Form durch die gesamte europäische Geschichte. Ursprünglich war *Dalen Gwyr* ein Fruchtbarkeitslied. Es bedeutet »green leaves« (»grüne Blätter«) und ist im Laufe der Zeit zu *Greensleeves* geworden. Es hat eine reiche, ausdrucksstarke Melodie, in der sich auf wunderschöne Weise grüne Höhen an langen sommerlichen Sonnentagen widerspiegeln.

3. »Cryman Cân«

(Englyn für Lugnassad)

Schottischer Sprechgesang

Cryman Cân bedeutet »Dresch-Sichel«. Dieser heilige Sprechgesang war einmal eine Unterstützung für den rituellen Rhythmus der Weizenernte an *Lugnassad*. Er war im heiligen Dreiertakt gestaltet und so beschaffen, daß er mit den dreschenden Bewegungen der Ernte mit der Sichel eine völlige Einheit bildete. *Cryman Cân* stammt aus alter Zeit und wurde von der frühen Kuldeer-Kirche bewahrt, wo er bis heute unter dem Namen »O Filii Et Filiae« als Lobgesang (Halleluja) in Gebrauch ist. Das Rezitativ der Verse wird von einem Kantor oder Priester ausgeführt und der Refrain als Antwortgesang durch die Gemeinde angestimmt.

4. »Aileach« *(Englyn für den Herbst)*

Irisches Volkslied

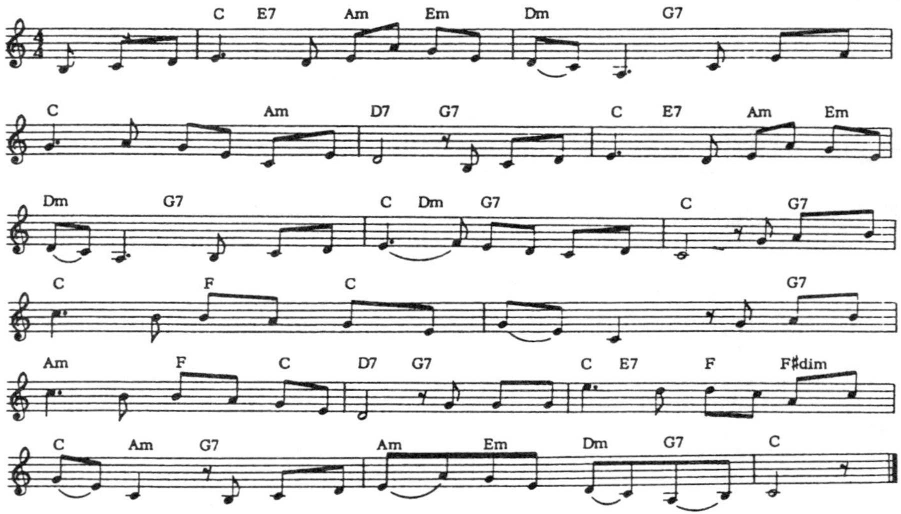

Das »Londonderry-Lied«, dessen Erbe seit langem in Ehren gehalten wird, war ursprünglich ein trauriges Klage- oder Abschiedslied an den Sommer. Es ist reich an Struktur und Gefühl, und das *Book of Pheryllt* erwähnt seine beruhigende Wirkung im Angesicht des Todes – als »ein Lied, den Sterbenden zum Schlaf zu singen«. In Irland ist es auch unter dem Titel *Danny boy* bekannt.

5. »Cant-Cân«

(Englyn für Samhain)

Volksgesang aus Cornwall

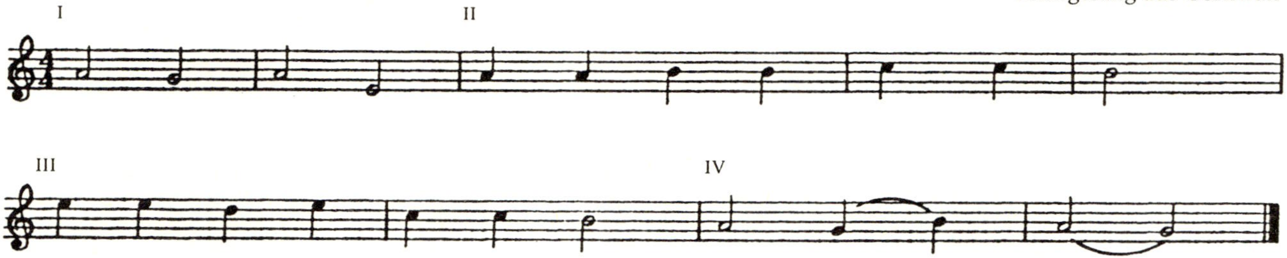

In diesem hochrituellen Lied finden wir ein Beispiel für eine weitere heilige Musikform: den Kreisgesang. Ein *Cant Cân*, das die Bedeutung »runder Gesang« hat, wurde zunächst einstimmig begonnen, unzählige Male wiederholt und dann, auf ein Zeichen des Priesters hin, mehrstimmig begonnen, wie oben durch die römischen Ziffern angegeben. Im *Pheryllt*-Text wird von Kreisgesängen gesagt, daß sie eine »Zeit und Raum verändernde Wirkung« haben, was sie besonders gut geeignet macht für die Zwischenzeiten der Feste im Jahreszeitenkreuz. Die Melodie des *Cant Cân* ist ansatzweise in dem modernen englischen Volkskanon *Hi Ho Nobody Home* erhalten geblieben. Der Kreisgesang sollte langsam in der Art einer Trauerklage vorgetragen werden. Keltische Trommeln und Kürbisrasseln im Zweiertakt geschlagen passen dazu. In alten Zeiten wurde dieser Gesang als ein »Grabhügel-Lied« bezeichnet.

6.

»Ar Hyd Y Nos«

(Englyn für die Wintersonnwende)

Walisisches Volkslied

Früher einmal Bestandteil der heiligen Liederzyklen der Druiden, wurde »All Through the Night« in der dunkelsten Nacht des Jahres in magischer Form rezitiert: Sprechgesang – Antwortgesang – Sprechgesang. Es wurde als feierliche Anrufung für die Wiedergeburt der Sonne zur Sonnenwende verwendet und in der Morgendämmerung von weißgekleideten Priestern im Kreis um ein rotglühendes Notfeuer vorgetragen, die geschmückt mit Hirschgeweihen, immergrünen Zweigen und Glocken den Sonnenaufgang erwarteten.

7. »Cân Cairn« *(Englyn für Imbolc)*

Gälisches Volkslied

Diese strenge Melodie, im Volksrepertoire auch als »*Huron*«-Rundlied bekannt, gelangte von Gallien aus nach England und wurde dort Bestandteil der Standardsammlung französischer Volksballaden. Es handelt sich um ein langsames Klagelied (der Name bedeutet übersetzt »Grabgesang«) und ist dazu bestimmt, die düsteren Töne des Winters widerzuspiegeln.

8.

»Eilir Tydain«

(Englyn für den Frühling)

Volkslied aus der Bretagne

Dieses Lied, das in der Bretagne als »Lied der bretonischen Fischer« bekannt war, ist eine eindringliche Bitte um die Rückkehr des Frühlings nach der Trostlosigkeit des Winters.

Lektion 12

Die Kräuter der Enthaltsamkeit

Die drei Hauptbeschäftigungen des menschlichen Geistes sind: Sex, Tod und die Angst vor Zeit-Raum.

Salvador Dalí

Das hervorstechende Thema des Romankapitels »Die Tödlichste der Gattung« beschäftigt sich mit der großen persönlichen Kraft, die durch die sorgsame Bewahrung der männlichen Sexualenergie latent vorhanden ist. Wir wollen sie als »spirituelle Enthaltsamkeit« bezeichnen. Seit langem gilt diese als wesentliches Element und Grundlage für bestimmte Formen spiritueller Entwicklung.

Mit dem folgenden Zitat möchte ich an Gedankengänge anknüpfen, die bereits in der Einführung angesprochen wurden:

Nur in früher Jugend und im hohen Alter besitzen wir die natürliche Fähigkeit zu großem persönlichen Okkultismus – weitgehend frei von treibenden Hormonen, die einen außerordentlich großen Prozentsatz unseres bewußten Denkens auf Sexualität und den Überlebensinstinkt der Gattung lenken: Instinkte, welche die Menschheit im Laufe der Jahrhunderte beschönigend als Liebe in der einen oder anderen Form umschrieben hat. Doch auf einer spirituellen Ebene ist dies nur sinnliche Lust, Abhängigkeit und die Furcht vor der Unsicherheit, allein zu sein. Solche Wahrheiten haben die allen Kulturen gemeinsamen archetypischen Bilder des/der »weisen Alten« und des »erleuchteten Kindes« entstehen lassen.

C. G. Jung

Für die Druiden Britanniens war es von überragender Bedeutung, sexuelle Energie nicht zu »verschwenden«, sondern in wirksame Arbeit umzusetzen. Sie hielten an dem Grundsatz fest (der später von der römisch-katholischen Kirche übernommen und noch heute befolgt wird), daß sexuelle Disziplin ein natürlicher Weg zu spiritueller Vervollkommnung sei.

Den Körper zu disziplinieren heißt, den Geist zu nähren lautete der alte gnostische Wahlspruch, den sich viele religiöse Orden in dieser oder anderer Form über die Jahrhunderte zu eigen gemacht haben. Häufig war ein systematisches Vorgehen erforderlich, um dieses Ziel unter Schülern zu erreichen, die oftmals in der »normalen Gesellschaft« aufgewachsen sind. Isolation war ein gebräuchliches Mittel, das in Klöstern und militärischen Organisationen auch heute noch angewendet wird. Häufig wird Salpeter (Kaliumnitrat) genommen, um den Geschlechtstrieb der Männer während der Ausbildung zu mindern.

Auch das *Book of Pheryllt* versäumt es nicht, gewisse Kräuter anzuführen, die bei den druidischen *Cors* breite Verwendung als Anaphrodisiaka fanden und den Lehrlingen dabei halfen, ihren Geist entsprechend auszurichten. Es werden vier derartige Pflanzen genannt, die nachstehend in der Reihenfolge ihrer Bedeutung dargestellt sind. Bitte beachten Sie, daß diese Pflanzen als spezifisch männliche Mittel angeführt werden und sich daher annehmen läßt, daß ihre Wirkung auf die weibliche Anatomie deutlich anders ausfallen kann.

* *Weidenrinde*

* *Gelbe Narzisse* (»Osterglocke«)
Diese Pflanze fand in alten Zeiten eine so breite Verwendung als Anaphrodisiakum, daß sie zur »Blume von Wales« wurde.

* *Weiße Seerose*
(wurde bei den Griechen zu den gleichen Zwecken verwendet)

* *Hopfen*

Um die Wirkung dieser Pflanzen zu nutzen, stellen Sie, wie in Lektion 8 beschrieben, eine Tinktur her und nehmen sie in kleinen Mengen nach Bedarf ein, bis Sie die individuell richtige Dosierung herausgefunden haben. In einem der modernen Kräuterbücher, die zu Rate gezogen wurden, wird erklärt, daß jede dieser vier Pflanzen bei sorgfältiger Anwendung »den Hormonspiegel im Blut reduziert, so daß man – wenn man dies möchte – um reinerer und höherer Ideale willen sein sexuelles Verlangen möglichst minimal halten kann«. Der *Pheryllt*-Text fügt noch hinzu, daß eine fleischlose, d. h. streng vegetarische Ernährung geistige Klarheit hervorruft und das Blut von sinnlichen Begierden reinigt. Die moderne Medizin bestätigt, daß Fleisch (vor allem rotes Fleisch) voll von verschiedenen Hormonen ist. Aus der Geschichte ist bekannt, daß viele der griechischen, ägyptischen und christlichen Weisen (wie Plato, Hermes Trismegistos und der hl. Thomas von Aquin) Enthaltsamkeit übten und vegetarisch lebten, um Erleuchtung zu finden.

Denjenigen Lesern, denen es – aus persönlichen Gründen – widerstrebt, eine wichtige Verbindung zwischen gewöhnlich praktizierter Sexualität und spiritueller Entwicklung zu sehen, steht es frei, die hier vorgeschlagenen praktischen Anwendungsmöglichkeiten außer acht zu lassen.

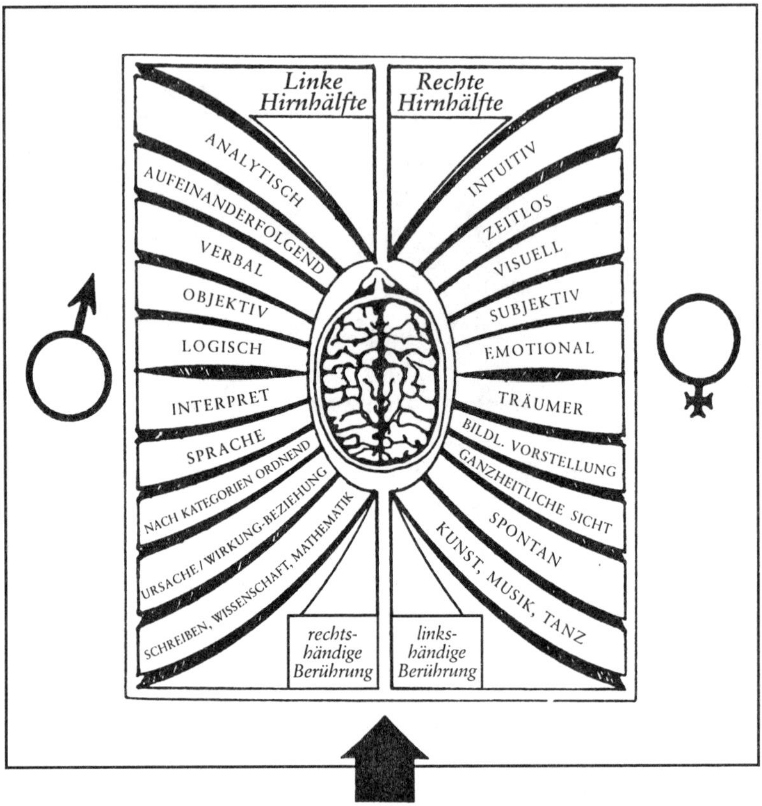

»... von denen jede für einander entgegengesetzte Funktionen bestimmt ist, wobei keine das Ganze ausmacht, beide jedoch dazu beitragen.« (Jason Golden)

Lektion 13

Der Ritus des Zugangs

Non foras ire
In interiore homine
habitat veritas.

Gnostischer Spruch[1]

Im Romankapitel »Widerhall von altem Gestein« wird eine starke Verbindung zwischen einigen großen magischen Kulturen der Vergangenheit und den archetypischen Reichen hergestellt, die sie bei ihrem Untergang hinterlassen haben. Zur Zeit der Druiden, nach der Ära der legendären *Pheryllt*-Priester, gab es bereits mehrere solcher Kulturen, wie z. B. die Atlanter, die Sumerer und die Ägypter. Zu pädagogischen Zwecken verschaffte man sich häufig Zugang zu deren archetypischem Erbe. Dies wurde mit Hilfe eines Symbols praktiziert, das in enger Verbindung mit der betreffenden Kultur stand, und mit einer einzigartigen Übung kombiniert, die als

[1] Die Übersetzung lautet: »Gehe nicht nach außen, die Wahrheit wohnt im Inneren des Menschen.«

Ritus des Zugangs bezeichnet wird. Damit beziehen wir uns auf die keltische Vorstellung des spirituellen Eingangstors, das in der folgenden Abbildung zu sehen ist: den Trilith[2].

Zur Ausführung des Rituals gehört eine gelenkte Visualisierung, wie sie nahezu identisch von James H. Brennan in seinem hervorragenden Buch *Astral Doorways*[3] beschrieben wird. Das *Book of Pheryllt* umreißt die einfachen Schritte wie folgt:

1. *Sitzen Sie eine Zeitlang allein und ruhig, ohne sich ablenken zu lassen.*

2. *Schließen Sie die Augen.*

3. *Visualisieren Sie ein steinernes Eingangstor, wie Sie es auf der obigen Darstellung sehen und sich einprägen können, deutlich in Ihrem Geist.*

---

[2] Die symbolische und spirituelle Bedeutung des *Trilith* wurde bereits in Lektion 5 vorgestellt (siehe S. 75 f.).

[3] Brennan, James H.: *Astral Doorways*. Wellingborough (Aquarian Press) 1971. In deutscher Sprache ist von J. H. Brennan zu diesem Thema erschienen: *Astral-Projektion. Anleitung zu außerkörperlichen Erfahrungen*. Freiburg im Breisgau (Verlag Hermann Bauer) 1991.

4. *Prägen oder meißeln Sie das kulturelle Symbol*[4]*, das Sie ausgewählt haben, im Geiste in die Oberfläche des Decksteins des Trilith (siehe auch die in der Abbildung auf S. 126 angezeigte Pfeilposition, die sich auf den »Lichtdurchbruch« im rechten großen Trilith bezieht).*

5. *Sobald es Ihnen gelingt, das gesamte Bild für die Dauer von 60 Herzschlägen klar im Geist zu halten, gehen Sie mit Ihrem »Anderwelt-Körper« durch das Eingangstor.*

Von diesem Augenblick an können Sie selbst weiterforschen. Wenn Sie die Übung richtig ausgeführt haben, werden Sie sich nun in der archetypischen Welt des verwendeten Symbols befinden. Merken Sie sich, um wieder zurückkehren zu können, genau, an welcher Stelle Sie im Geiste den Zugang durchschritten haben und treten an dieser Stelle einfach wieder heraus. Als unterstützendes Mittel kann Räucherwerk verbrannt werden, wofür eine Mischung aus Stechapfel, Wacholder und Lobelie empfohlen wird, und/oder ein Kreis gezogen werden.

In Lektion 17 werden zwölf Symbole angegeben, die eine Verbindung zu einigen sehr machtvollen Orten des keltischen Mythos herstellen. Da sich dieses Buch hauptsächlich auf eine Zeit konzentriert, in der solche Orte und Symbole aktiv wirksam waren, werden sie nachfolgend angeführt. Bitte beachten Sie jedoch, daß der RITUS DES ZUGANGS mit *jedem* Symbol ausgeübt werden kann, das eine genügend starke Verbindung zu irgendeiner vergangenen Kultur hat.

---

[4] Am Ende des Kapitels sowie in Lektion 17 finden Sie die wichtigsten kulturellen Symbole der keltischen Zeit.

Symbol	**führt zu**
1.) Bergspitze	Mt. Snowdon (Yr Wyddfa)
2.) Goldene Eichel	Druideninsel (Ynys Môn)
3.) Silberner Apfel	Avalon (Ynys Affalon)
4.) Flammendrotes Schwert	Dinas Powys
5.) Juwelengeschmückte Krone	Dinas Emrys
6.) Trilith-Stein	Caer Sidis
7.) Siebensaitige Harfe	Llyn Tegid (Bala-See)
8.) Ausgehöhlter Kürbis	Sonnenreich
9.) Eisenkessel	Mondreich

Schleier-Symbol[5]	**führt zu**
* * Schwarze Kerze	Annwn
* * Gläsernes Boot	Anderwelt
* * Blaue Rose	Insel Lyonesse

[5] Siehe dazu Lektion 17. Mehr über die »Schleier-Symbole« erfahren Sie in dem Kapitel »Die Macht eines Wortes« in *Merlyns Vermächtnis*.

Lektion 14

Das Drachenauge

In dem Romankapitel »Dracheninsel« gibt es mehrere Hinweise auf einen Ritus, durch den die Macht des Drachen angerufen werden kann – sei es, daß sein Erscheinen oder sein Geist beschworen wird.

Was ist nun genau mit dem »Drachen« gemeint? Diese Frage mag auf den ersten Blick verwirrend wirken, da in *Merlyns Vermächtnis* verbindlich erklärt wird, daß es in Britannien keine echten Drachen mehr gibt. Die Antwort darauf lautet in wenigen Worten, daß die Druiden das gesamte Energiesystem der Erde als eine Manifestation des Drachen ansahen und die magnetischen Ströme (*ley lines*), die kreuz und quer über die Erdoberfläche verlaufen, *Drachenlinien* nannten. Die Erde selbst brachte diese Kraftlinien hervor, und an bestimmten heiligen Punkten, wo sich diese Energie »zusammenrollte und an die Oberfläche wand« (wie z. B. Glastonbury Tor, Dracheninsel/Isle of Wight, Snowdonia), konnte große magische Kraft wahrgenommen werden. Häufig waren solche Stellen durch *Menhire* (Steinsäulen) oder Steingruppen (wie in Stonehenge) markiert. Dies war für die Druiden die *Drachenenergie*. Die gesamte Erde wurde als der *Körper des Drachen* angesehen – und *dieser* Drache ist heute noch genauso lebendig wie zur Zeit der Sagen.

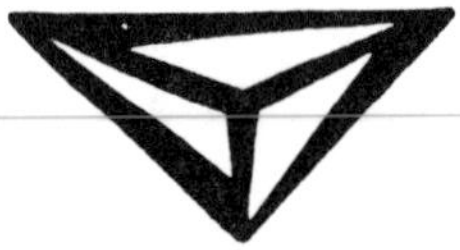

Nachfolgend die symbolischen Eigenschaften des Drachen, die für eine Anrufung genutzt werden müssen:

- *Waffe* = SCHWERT
- *Planet* = MARS
- *Element* = FEUER
- *Räucherwerk* = DRACHENBLUT[1]
- *Metall* = GOLD (ersatzweise Eisen)
- *Zahl* = 2
- *Symbol* = DRACHENAUGE (siehe folgende Abbildung)

Für die Anrufung des Drachen nach den Anweisungen des *Book of Pheryllt* führen Sie folgende Schritte aus:

1. *Wählen Sie eine einsame Stelle im Freien, am besten hoch oben auf einem Hügel oder einer Bergspitze (solche hochgelegenen Plätze sind dem Drachen geweiht).*

2. *Bilden Sie einen Kreis aus zwölf Steinen und nehmen dafür Ihre eigene Körpergröße als Durchmesser. Streuen Sie ein wenig Eisen- oder Goldstaub hinein.*

3. *Ziehen Sie innerhalb des Kreises am Boden mit dem Schwert (oder einem symbolischen Ersatz dafür) das Sym-*

[1] siehe Anm. 3, Lektion 1

bol des Drachenauges. Damit ist der Ort für den Gebrauch vorbereitet.

4. *Treten Sie in der Morgendämmerung oder um zwölf Uhr mittags (den beiden Schwellenzeiten, die dem Drachen geweiht sind) in den Kreis und verbrennen Drachenblutharz auf Räucherkohle, die Sie darin anzünden.*

5. *Wenn Sie damit fertig sind, stellen Sie sich genau in den Mittelpunkt des Drachenauges und halten das Schwert mit beiden Händen hoch über Ihren Kopf, die Spitze nach unten gerichtet.*

6. *Sprechen Sie dreimal, mit lauter und kraftvoller Stimme, die* GROSSE BESCHWÖRUNG DES DRACHEN:

   Cum Saxum Saxorum,
   In duersum montum oparum da –
   In Aetibulum, In quinatum:
   DRACONIS!

7. *Stoßen Sie mit einer raschen Bewegung das Schwert tief in die Erde/den Körper des Drachen.*

8. *Setzen Sie sich mit gekreuzten Beinen in den Mittelpunkt des Drachenauges.*

9. *Schließen Sie die Augen, und warten Sie auf das Erscheinen des Drachen.*

Die Präsenz des Drachen kann auf verschiedene Weise spürbar werden. Um sie wieder zu bannen, müssen Sie lediglich das Schwert aus der Erde ziehen.

Warnung: Verlassen Sie nicht eher den schützenden Kreis, bis »das Schwert aus dem Stein gezogen ist«.

Dieser alte Ritus ist hauptsächlich für Feuerfeste und insbesondere für die Sommersonnwende geeignet. Drachen oder »Feuerschlangen«, wie sie von den Kelten genannt wurden, erschienen oft über Notfeuern.

Es wird berichtet, daß die *Pheryllt*-Priester einst an hohen Festtagen goldene Drachenaugen als Sinnbild für Macht und Autorität trugen. Das *Drachenauge* kann auch sehr erfolgreich als »Eingangstor« nach den Anweisungen in Lektion 13 verwendet werden. Viele Versionen des Ritus der Drachen-Anrufung sind möglich, da er mit Erfolg im Haus ausgeführt werden kann, wobei das Symbol auf dem Fußboden oder einem Tuch gestaltet wird. Auch kleine Steinkreise lassen sich ohne weiteres mit recht guter Wirkung in einem geschlossenen Raum errichten. Seien Sie kreativ! »Inspiration« ist eine Eigenschaft, die traditionell als eine Gabe des Drachen angesehen wird.

Lektion 15

Der Ritus der Inspiration

Im Bewußtsein war ich christlich religiös –
wenn auch immer mit dem Abstrich:
»Aber es ist nicht so sicher!«
oder mit der Frage: »Was ist mit dem,
was unter dem Boden ist?« Und wenn mir
religiöse Lehren eingeprägt wurden
und mir gesagt wurde: »Das ist schön
und das ist gut«, dann dachte ich bei mir:
»Ja, aber es gibt noch etwas sehr geheimes Anderes,
und das wissen die Leute nicht.«

C. G. Jung[1]

Im Romankapitel »Alle Götter sind *ein* Gott« gibt es eine mitternächtliche Szene am Rande des Neuen Waldes, in welcher der junge Druide Ganymed ein Feuertor in die Zeit hinein erschafft, durch das Arthur Visionen und Symbole erblickt.

Der alte druidische Name für einen solchen Akt ist der *Ritus von Awen* oder übersetzt »der Ritus der Inspiration«. *Awen* ist das alte walisische Wort für »Inspiration« oder »Erleuchtung« durch etwas, das von oben herabgelenkt wird und die Seele eines Menschen in seltenen Momenten religiöser Ekstase erfüllt. Die christliche Entsprechung dafür ist der Ausdruck

---

[1] *Erinnerungen, Gedanken, Träume von C. G. Jung.* 8. Aufl., Olten (Walter-Verlag) 1992, S. 28/29.

»vom Heiligen Geist erfüllt sein«. Als Folge solch einer direkten Erleuchtung von *Awen* werde der Mensch »neu geboren«, heißt es oft. Für die Kelten offenbarte sich *Awen* in der Erscheinungswelt durch die ersten drei Strahlen des Sonnenlichtes, die sich in der Morgendämmerung des Sommersonnwendtages über den Horizont ergießen. Oft heißt es in der keltischen Überlieferung, daß *Awen* sich durch Feuer manifestiere, da dieses Element reiner Energie am nächsten ist. Das passive Gegenstück zu diesem Phänomen wurde als »Das Gesicht« oder in altem Walisisch als *Y Golwg* bezeichnet. Es enthüllt vergangenes, gegenwärtiges und zukünftiges Wissen.

Der Ritus der Inspiration wurde immer dann ausgeführt, wenn in einer bedeutsamen Angelegenheit Unklarheit herrschte oder wenn eine wichtige Entscheidung getroffen werden mußte – besonders wenn sie eine spirituelle Frage betraf. Es handelte sich um einen persönlichen Ritus, der allein und stets während einer der drei Schwellenzeiten von Morgendämmerung, Abenddämmerung und Mitternacht durchgeführt wurde. Unmittelbar vor dieser Handlung wurde die folgende Invokation laut vorgetragen, die zu den ältesten und kraftvollsten Überresten druidischer Versdichtung zählt:

Um in den Wassern des Lebens zu baden
Um das, was nicht menschlich ist, abzuwaschen
Komme ich in Selbst-Auslöschung
Und der Größe von Inspiration.

Zwei Formen dieses Ritus sind bekannt: In der einen wird ein heißer Kessel verwendet (als Verkörperung der Sphäre von *Annwn*) und in der anderen glühende Kohle von einem heiligen Feuer. Sie werden nachfolgend beschrieben. In beiden wird als Räucherwerk Tollkirsche (*Belladonna*) verwendet, da man glaubte, daß diese Pflanze *Gwelaeth Y Lleuad* oder »Mondvisionen« hervorruft.

Version 1

1. *Führen Sie den* Ritus der Drei Strahlen *im Freien, innerhalb eines Steinkreises aus.*

2. *Errichten Sie darin ein kräftig loderndes Feuer. (Denken Sie bei Ihrer Planung daran, daß Sie das Feuer nur an einer Stelle entfachen, an der dies erlaubt ist.)*

3. *Nachdem das Feuer zu Glutasche heruntergebrannt ist, nehmen Sie die Sichel und verteilen die Asche mit drei weit ausholenden, schwungvollen Bewegungen, wobei Sie jeweils die obenstehende Invokation rezitieren.*

4. *Streuen Sie langsam drei Handvoll getrocknete und zerstoßene Blätter und Beeren der Tollkirsche in die Glutasche, und bringen Sie dabei jedesmal laut Ihre Frage vor.*

5. *Setzen Sie sich nieder. Blicken Sie eingehend und unverwandt in die Glut, während Sie flüsternd Ihre Herzschläge zählen. Haben Sie Geduld und erwarten Sie die Antwort* in Form einer Abstraktion.

Die »erleuchtende Eingebung« kann die Form eines Symbols, eines Bildes oder einer abstrakten Vorstellung annehmen. Ihre Auslegung wird gewöhnlich nur dem Suchenden selbst klar sein, da häufig persönliche Symbole – die Sprache des Unbewußten – geschaut werden, die für eine andere Person von geringer oder keinerlei objektiver Bedeutung sind.

Die Druiden führten diesen Ritus öffentlich nur an einem einzigen hohen Festtag (gewöhnlich an *Samhain* am *Domh Ringhr*, dem »Steinkreis des Urteils«) aus und wandten sich mit zahlreichen Fragen aus den Reihen der Landbevölkerung an das Feuer. In Kapitel 17 des *Book of Pheryllt* heißt es, daß solche geweihten Feuer »die Wahrheit voraussagten«.

Version 2

1. *Errichten Sie mitten im Wald, in der Abenddämmerung oder um Mitternacht, einen persönlichen Steinkreis und treten Sie in ihn hinein. Folgendes haben Sie mitgebracht:*

    * *einen Eisenkessel*
    * *einen halben Liter »Feuerwasser« (die alte Bezeichnung für Branntwein oder Isopropylalkohol)*
    * *einen Feuerstein oder Streichhölzer*
    * *eine Handvoll getrocknete und zerstoßene Blätter und Beeren der Tollkirsche.*

2. *Füllen Sie den Kessel etwa einen Zoll (2–3 cm) hoch mit »Feuerwasser«.*

3. *Sprechen Sie Ihre Frage dreimal laut aus und streuen dabei jedesmal ein Drittel der Handvoll Tollkirsche auf die Oberfläche der Flüssigkeit.*

4. *Sprechen Sie dreimal laut die Invokation und zünden dann die Flüssigkeit an der Oberfläche an.*

5. *Setzen Sie sich nieder. Blicken Sie geduldig auf den Kessel, während Sie flüsternd Ihre Herzschläge zählen, bis sich eine Eingebung in Form einer Abstraktion zeigt.*

Diese Form des *Ritus von Awen* wurde häufig in der Absicht verwendet, um eigene frühere Leben zu erforschen. Wenn Sie den Ritus zu diesem Zweck durchführen, so ersetzen Sie die Tollkirsche durch die Schwarz- oder Balsampappel.

Lektion 16

Die Wilde Jagd

»Aha«, sagte ich zu mir selbst, »diese Dinge
sind immer noch lebendig – der kleine Junge
ist noch immer da und besitzt
ein schöpferisches Leben, das mir nun fehlt.«
Doch wenn ich einen Kontakt
zu jener Zeit wiederherstellen wollte,
blieb mir nur die Möglichkeit, zu ihr zurückzukehren
und das Leben jenes Kindes, mit seinen zutiefst
kindischen Spielen, wieder aufzunehmen.

C. G. Jung

Das Romankapitel »Jägers Mond« schildert einen außergewöhnlichen Brauch am Fest von *Samhain*: die Wilde Jagd. Der Eigenart eines Tages im Jahreszeitenkreuz entsprechend, dessen genauer Zeitpunkt durch den Mondstand festgelegt war, findet dieses phantastische Ereignis am »Jägers Mond« statt: dem Oktober-Vollmond, der *Samhain* am nächsten liegt.

Nun zu der Schilderung der »Jagd« selbst. Was während der Jagd geschieht, ist voller Abstraktionen und Widersprüche und daher sehr schwer zu beschreiben. Kurz gesagt, der äußere Rahmen der Jagd setzt sich oft über logische Gesetze hinweg. Trotzdem werde ich versuchen, ihn in Vorstellungen des 20. Jahrhunderts zu fassen.

Zunächst ist die *Wilde Jagd* ein Wettkampf zwischen dem Schamanen oder Naturmagier und einem genau festgelegten natürlichen Umfeld. Zur Zeit der Sagen wurde eine solche Jagd als der »höchste Sport des Zauberers« angesehen: ein erregendes Abenteuer, für das die Fortgeschrittenen auf den höheren Stufen der Magie bereitwillig Leib und Leben riskierten. Es war ein Spiel – eine sportliche Kunstfertigkeit, die mit der vollkommenen Meisterschaft über die Elemente in einem bestimmten Gebiet belohnt wurde. War der Magier siegreich, so waren die Elementarwesen oder Könige, die über die »Jagdgründe« herrschen, dazu verpflichtet, dem Magier auf Lebzeit die Macht über das Territorium abzutreten. Wenn das »Land« jedoch mit Erfolg verhinderte, daß der Magier die Jagd beendete und er überlebte, war er dazu verpflichtet, das Land nach vorher festgelegten Bedingungen zu entschädigen.

Für den interessierten Leser sei hier angemerkt, daß der mit einem solchen Wettkampf verbundene »Risikofaktor« stets dem Geschick des Magiers angemessen ist. Mit anderen Worten, es wird Ihnen niemals mehr zugemutet, als Sie verkraften können, denn man zieht nur Wesen von einer Stärke an, die dem eigenen persönlichen Magnetismus vergleichbar ist. Aufgrund dieses Gesetzes braucht man nicht zu befürchten, sich mit Kräften in einer Auseinandersetzung zu messen, welche die eigenen Fähigkeiten übersteigt.

Nun kommen wir zu einem umrißhaften Überblick über die Jagd selbst. Es folgt eine Beschreibung der stufenweisen Schritte, an die sich der Leser halten kann, wenn er eine *Wilde Jagd* vorbereiten und durchführen möchte. Er sollte allerdings abenteuerlustig veranlagt sein, was die alten Druiden und ihre Lehrlinge mit Sicherheit waren.

Der Umrißplan

* Die Jagd sollte für die Nacht am Vorabend von *Samhain* oder an »Jägers Mond« (Oktober-Vollmond), für die 6. Nacht nach Neumond (Halbmond), an Vollmond oder Neumond geplant werden. (Die Reihenfolge entspricht den Prioritäten bei der Wahl des Zeitpunkts.)

* Das Gebiet, in dem die Jagd stattfindet, sollte sorgfältig nach Größe und Geländeverhältnissen ausgewählt werden. Für den Anfänger sollte die »Wegstrecke« in der Regel eine halbe bis eine Meile (etwa 800 bis 1600 Meter) in jeder Richtung nicht überschreiten. Sehr oft hat das Gelände natürliche Begrenzungen, wie beispielsweise Straßen, Wasserläufe, Bäume, Steinmauern usw., die beachtet und genutzt werden sollten, wenn Jagdstrecken angeschaut und in Erwägung gezogen werden. Entscheiden Sie sich für ein Gebiet, und überlegen Sie sich den ungefähren Verlauf Ihrer Wegstrecke für seine Durchquerung. Dies erfordert, zusätzlich zu einer ersten Festlegung der äußeren Grenzen, die Wahl eines genauen Ausgangspunktes und Endpunktes. Beide sollten durch eine natürliche Formation (einen Felsblock, einen auffallenden Baum o. ä.) deutlich erkennbar sein. Wenn Sie all dies festgelegt haben, können Sie zum nächsten Schritt übergehen.

* Die nächste Aufgabe ist die Kontaktaufnahme mit den Elementarwesen in dem von Ihnen ausgewählten Gebiet. Gehen Sie an drei aufeinanderfolgenden Nächten vor dem Jagdtermin an den Ausgangspunkt und hinterlassen dort beim Weggehen eine Opfergabe aus Brot und Früchten. Geben Sie laut Ihre Bedingungen für die Herausforderung bekannt – d. h. die räumlichen Grenzen, den zeitlichen Rahmen in Stunden, die Lichtverhältnisse usw. Eine Dauer von drei Stunden ist traditionell üblich. Die Jagd beginnt gewöhnlich drei Stunden vor Morgengrauen und endet bei oder vor Sonnenaufgang. Wenn die Opfergabe verzehrt oder

entfernt worden ist, steht dies symbolisch dafür, daß Ihre Bedingungen von dem Gebiet akzeptiert worden sind.

* Die Nacht der *Wilden Jagd* naht. Kleiden Sie sich in Schwarz, damit Sie schwer zu erkennen sind. Treffen Sie genau zu der festgelegten Anzahl von Stunden vor dem Morgengrauen am Ausgangspunkt ein. Tragen Sie einen Feuerstein oder Streichhölzer und Alraunwurzel (*Mandragora*) bei sich.

* Zünden Sie am Ausgangspunkt ein Feuer an,[1] und verwenden Sie dafür nur Holz, das Sie in dem betreffenden Gebiet finden (natürlich ohne dabei einer Pflanze Schaden zuzufügen). Weihen Sie das Feuer laut *Gwynn ap Nudd*, dem König der Anderwelt und Herrn der Jagd, mit den folgenden Worten:

Offene Lichtung im dunklen Wald,
Fichtenzweig in Kriegerhand,
Rauch von Alraun sendet den Schwarzen Wächter aus.
Hört das Flattern mitternächtlicher Flügel,
das Laufen des Waldlandheeres.
Hört das Klirren von tapferen Seelen
im Namen des Herrn der Jagd.
Hört den Atem des Gottes, wild und fruchtbar,
Hört den Tritt der schrecklichen Hunde.
Hört, wie Gwynn ap Nudd die offene Lichtung
im dunklen Wald betritt!

* Wenn Sie es wünschen und die Begingungen es erlauben, kann nun die *Mondwäsche* ausgeführt werden: Dabei werden die Handflächen zum Mond hin gestreckt, um damit seine dunklen Eigenschaften der Verschwiegenheit und verborgenen Intuition aufzunehmen.

---

[1] *Bitte bei der Planung bedenken:* Dies sollte natürlich eine Stelle sein, an der es erlaubt ist, ein Feuer zu machen.

* Nachdem das Feuer zu Aschenglut erloschen ist, holen Sie die getrocknete Alraunwurzel hervor und bereiten sich darauf vor, sie in die Glut zu werfen. Machen Sie sich bewußt, daß Sie damit den Geist des Alrauns – den »Schwarzen Wächter« – freilassen, der während der Jagd Ihr Gegenspieler sein und versuchen wird, Sie bei jeder Gelegenheit zu überlisten, um Sie daran zu hindern, den Endpunkt rechtzeitig zu erreichen. Ebenso wie *Gwynn ap Nudd* als König über die Jagd herrscht, so herrscht *Mandragora* als Geist über die Jagd. Dies ist ein machtvoller Gegner.

* Wenn Sie geistig darauf vorbereitet sind, werfen Sie die Alraunwurzel in die Glut und, während der Rauch aufzusteigen beginnt und »Ihn« freiläßt, entfernen Sie sich rasch entlang Ihrer Wegstrecke. Der Geist des Alrauns wird Ihnen bald nachfolgen.

Von nun an kann es keine Anweisungen mehr geben – außer daß Sie Ihre Sensibilität und Ihren Scharfsinn in höchstem Maße einsetzen. Es werden Ihnen Hindernisse in den Weg gelegt werden: physische ebenso wie nicht-physische Konfrontationen, räumliche Desorientierung usw. – die Möglichkeiten sind endlos. Sollten Sie die Jagd auf einer höheren Ebene fortsetzen, werden Sie sicherlich auf eine außerordentliche Vielfalt von Hindernissen stoßen. Seien Sie sich dessen bewußt.

Zu Ihrem Schutz gibt es ein bewährtes Vorgehen, womit die Jagd, wenn sie einmal begonnen wurde, angehalten werden kann: Wenn Sie genau denselben Weg zurückgehen, den Sie gekommen sind – wobei Sie sich einfach umdrehen –, wird dies als Aufgeben angesehen, und es dürften keine weiteren Angriffe folgen.

Dies sind die Regeln der Jagd:

* Sie gewinnen die Jagd, wenn Sie an dem festgelegten Endpunkt innerhalb der festgesetzten Zeit ankommen. Sollten Sie gewinnen, dann können Sie auf die Unterstützung der nicht-physischen Wesen in dem betreffenden Gebiet für den Rest Ihres Lebens rechnen. Das Gebiet wird sich Ihren magischen Zwecken gegenüber »freundlich« zeigen. Zwischen dem Magier und dem Gebiet können auch andere Bedingungen aufgestellt werden. So habe ich beispielsweise einmal auf einer recht tückischen Strecke in einem Gebirgszug im Tausch gegen eine große Menge an *Golden Pipes* (einer seltenen Kamillenart) gejagt – und tatsächlich fand ich vor dem Morgengrauen ein großes Bündel der Pflanze, das am Ausgangsstein sorgfältig ausgebreitet war.

* Sie verlieren die Jagd, wenn Sie den Endpunkt innerhalb der festgesetzten Zeit nicht erreichen. Die Bestimmungen für die Niederlage sind weitreichend: Sie können sich von physischer Verletzung bis hin zu der bloßen Verpflichtung erstrecken, den Elementarbewohnern ein »kostbares Opfer« darzubringen. (Dies ist *niemals* ein Blutopfer, sondern beispielsweise eine beträchtliche Menge an Honigwaben, Safran, seltenem Wein o. ä.)

Bitte beachten Sie: Der Geist des Alrauns wird bei Sonnenaufgang kraftlos, denn er ist lichtempfindlich und wird sich rasch auflösen, wenn die Dunkelheit nachläßt. Daher ist ein Wettkampf nach Tagesanbruch unmöglich.

Lektion 17

Das Lebensbrett

... oft kostet es mich viele Wochen des Schweigens,
um mich von der Nutzlosigkeit der Worte zu erholen.

C. G. Jung

In dem Romankapitel »Die Macht eines Wortes« wird Arthur in das magische Potential von persönlichen Symbolen eingeführt, die durch das kosmische Medium der *Drei Kreise der Existenz* Macht erhalten haben. Die Geschichte selbst erfüllt sehr gut die Aufgabe, den Sinn und die Bedeutung dieser beiden druidischen Hilfsmittel zu erklären, so daß an dieser Stelle nicht mehr allzuviel darüber gesagt werden muß. Eine visuelle Darstellung des »Lebensbrettes«, die auf der folgenden Seite wiedergegeben ist, könnte jedoch von echtem Nutzen für den Leser sein, der beabsichtigt, ein solches für eigene Zwecke zu entwerfen.

Ähnlich wie die gnostische Kabbala bildet *Yr Gwyddbwyll* »symbolische Wahrnehmungswelten« in einer bestimmten Reihenfolge ab, die schon an sich ein Rätsel ist. Die Ursprünge der auf dem Brett dargestellten Anordnung sind mit der Zeit verlorengegangen. Im *Book of Pheryllt* sind jedoch zwei Überlieferungen angeführt:

1. Die Anordnung der Bereiche ergibt sich aus der »Erleuchtung von *Awen*«, welche die Form eines Blitzes annimmt, der im Zickzack über die drei Kreise und die drei Schleier verläuft und dort, wo die wichtigsten Schnittpunkte entstehen, archetypische Welten bildet. (Das Muster des erwähnten Blitzes läßt sich nachzeichnen, wenn man der eigentümlichen numerischen Reihenfolge der Bereiche folgt.)

2. Die drei Kreise und die drei Schleier waren Muster, die sich wie kleine kräuselnde Wellen auf der Wasseroberfläche eines ruhigen Sees bildeten. Nach dem *Barddas* entstanden sie durch Gott (Der im Jenseits weilt), als er »seinen eigenen Namen in die Meere von *Annwn* fallen ließ«. Darin liegt der Ursprung aller Erscheinungsformen, und ihre physische Gestalt ist stets Ausdruck der Widerspiegelung von Mustern des göttlichen Urhebers.

Die persönlichen Symbole selbst sind eine sorgfältig ausgewählte Sammlung kleiner Gegenstände, die in ihrer Gesamtheit die Erfahrungswelt des Magiers verkörpern – sein Leben in Miniaturform – und deren Zusammenstellung sich im Laufe der Zeit geringfügig verändert, so wie sich das Leben des Magiers wandelt. Der erste Schritt für den Leser, der daran interessiert ist, sich ein solches System aufzubauen, besteht darin, persönliche Symbole zu sammeln. Ihre genaue Anzahl ist variabel, doch sollten es nach oben hin nicht mehr als 21 sein, bis die Methodik und Anwendung gut beherrscht werden. Auch die Standardsymbole für die Kreise (d. h. die neun Kreispunkte und ihre drei Schleier) sollten gesammelt und als getrennte energetische Einheit beiseite gelegt werden, um in Verbindung mit den eigentlich persönlichen Symbolen benutzt zu werden. Zwischen den positiven und negativen (hellen und dunklen) Aspekten des Lebens sollte ein ausgewogenes Gleichgewicht bestehen. Denken Sie daran, daß die gewählten Symbole tiefe Wurzeln in Ihrer eigenen Psyche und

Das Lebensbrett

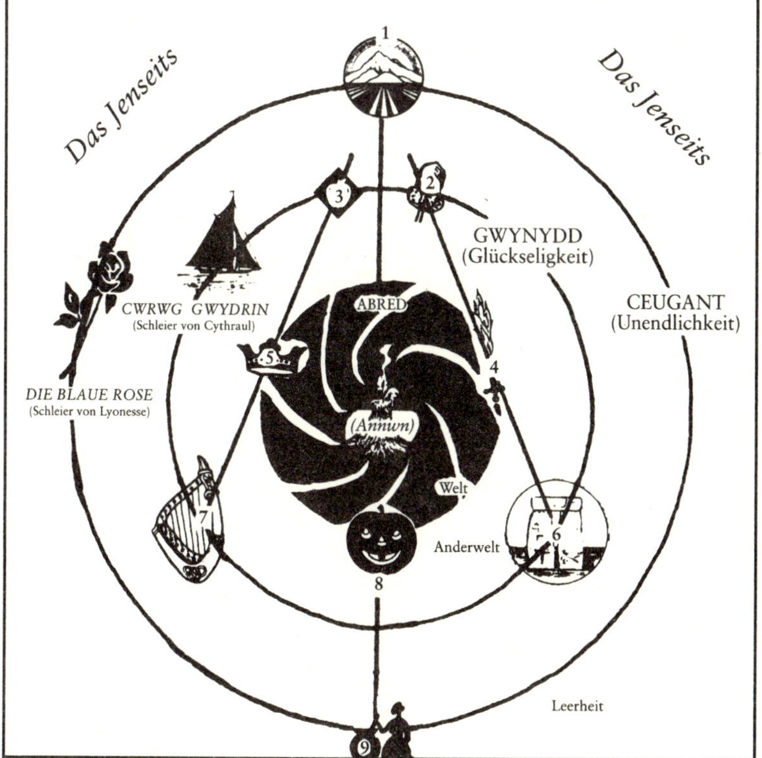

COLOFN DUWIES *(Silberner Strahl der Göttin)*	COLOFN WYTRIN *(Kristallstrahl)*	COLOFN DUW *(Goldener Strahl Gottes)*
3). YNYS AFFALON *Die Wassermütter*	1). YR WYDDFA *Die Höhen*	2). YNYS MÔN *Die Feuerväter*
5). DINAS EMRYS *Das Imperium*	8). HUON *Das Sonnengesicht*	4). DINAS POWYS *Die Macht*
7). LLYN TEGID *Die Musik*	9). CALLOR KERIDWEN *Die Tiefen*	6). CAER SIDIS *Die Magie*

dem persönlichen Seelenleben/Unbewußten haben müssen, damit sie als Werkzeuge der Manifestation wirksam sein können. Aufbewahrt werden sollte die ganze Sammlung traditionsgemäß in einem selbst entworfenen und angefertigten Kästchen aus einer Holzart, die der persönlichen Gottheit oder dem geistigen Führer geweiht ist.

Bevor Sie die assoziativen Verbindungen innerhalb des *Yr Gwyddbwyll* verstanden haben und dann zur persönlichen Ermächtigung durch die Symbole verwenden können, sollten Sie sich eingehend damit beschäftigen und über einen längeren Zeitraum zielgerichtet darauf meditieren. Der Magier muß zunächst die vielfältigen Energieformen in den verschiedenen Bereichen des Lebensbrettes bestimmen und dann herausfinden, wie er diese Energien intuitiv nutzen kann.

Wenn Sie das Brett und die persönlichen Symbole aufgebaut haben und mit dem System arbeiten möchten, entscheiden Sie sich zunächst für eine Frage, ein Problem oder eine Aufgabe in Ihrem Leben, wofür Sie sich eine Veränderung wünschen. Wählen Sie dann das Symbol oder eine Verbindung von Symbolen aus, die sowohl die Situation als auch das gewünschte Ergebnis am besten verkörpern. Bestimmen Sie die räumliche Anordnung, d. h., wo auf dem Lebensbrett diese Symbole aufgestellt werden sollten, damit sie die Gesamtsituation am besten nachbilden. Wenn all dies sorgsam und gründlich überlegt ist, sind Sie für die nächste Stufe der Ermächtigung bereit.

Damit dieses »Spiel« machtvoll genug wird, sich zu manifestieren, wenden Sie sich an das *Gwyddbwyll* während einer Schwellenzeit: an einem Festtag, bei Tagesanbruch, zur Abenddämmerung oder um Mitternacht. Strecken Sie Ihre Hände über dem Brett aus, und sprechen Sie die folgende GROSSE INVOKATION:

Um in den Wassern des Lebens zu baden,
Und das, was nicht menschlich ist, abzuwaschen
Komme ich in Selbst-Auslöschung
Und der Größe von Inspiration.

Als nächstes stellen Sie Ihre persönlichen Symbole in der vorher bestimmten Anordnung auf dem Brett auf. Gehen Sie dabei aufmerksam und konzentriert vor, und denken Sie daran, daß Sie ein wirkliches Energiemuster erschaffen, das je nach Stärke der darauf gerichteten Energie zur Realität wird, denn: *Handeln folgt auf Denken.*

Um diese Anordnung zu aktivieren, rezitieren Sie dreimal den druidischen ZAUBER DES WIRKENS:

ANAIL NATHROCK
UTHVASS BETHUDD
DOCHIEL DIENDE[1]

Dadurch werden die Formkräfte in Bewegung gesetzt. Danach lassen Sie die Anordnung unberührt (die Sie im übrigen nur dann berühren, wenn Sie die Symbolik verändern möchten) und kehren an drei aufeinanderfolgenden Tagen zur gleichen Zeit zurück, um den *Zauber des Wirkens* zu wiederholen. Warten Sie dann auf die Manifestation.

Sollte sich während der Vorbereitung und Ausübung dieses machtvollen Rituals zeigen, daß irgendein Punkt noch der Klärung bedarf, ist es sinnvoll, den praktischen Text von Kapitel 17, »Die Macht eines Wortes«, in *Merlyns Vermächtnis* nochmals gründlich zu studieren.

[1] siehe dazu auch Kapitel 13, »Widerhall von altem Gestein«, in *Merlyns Vermächtnis*

Lektion 18

Der Ritus des Trankopfers

In dem Romankapitel »Übergangsriten« wird Arthur unerwartet aus der vertrauten Umgebung von Berg Newais in ein neues Umfeld gebracht, wo von ihm erwartet wird, daß er die Verpflichtungen eines Erwachsenen übernimmt. Dies signalisiert in der Tat, daß der Junge »volljährig« wird, ein Ereignis, das gewöhnlich mit der Vollendung des 18. bis 21. Lebensjahrs eintritt und hierzulande begleitet wird von dem Klischee, mit dem jungen Mann »einen trinken zu gehen«. Obwohl dieser Gedanke oberflächlich betrachtet recht vulgär erscheinen mag, klingt er unbestreitbar in diesem Romankapitel an. Wenn Arthur zu diesem Zeitpunkt auch erst 16 Jahre alt ist, lehrt uns die keltische Geschichtsforschung, daß genau dieses Alter zumeist mit dem Übergang vom Knaben- zum Mannesalter gleichgesetzt wurde. In vielen Teilen Europas, so auch in Irland, betrug das Alter der Mündigkeit oftmals sogar nur 14 oder 12 Jahre, doch in der Mythologie der Britischen Inseln findet man häufig die Altersangabe von 16 Jahren.

Aber warum sollten wir uns hier mit der »Volljährigkeit« und ihrer traditionellen Verbindung mit Alkohol beschäftigen? Zum einen, weil Arthur in der Geschichte »Übergangsriten« zum erstenmal eine *Libation* oder ein »Trankopfer« angeboten wird (ein alter Begriff für ein alkoholisches Getränk, oft mit religiösem Unterton). Dies geschieht durch Ectorius, die Person eines erwachsenen männlichen Mentors, der symbolisch für diese Zeit des Übergangs steht. Zum zweiten, weil im *Book of Pheryllt* ein interessanter Abschnitt enthalten ist, der sich recht ausführlich eigens mit dem »Trankopfer« beschäftigt – und zwar auf eine Art und Weise, die einen auf den Gedanken bringen könnte, daß dies ein wichtiger Bestandteil im traditionellen druidischen Ritual war.

Der Brauch des Trankopfers wird auch tatsächlich in weiteren bedeutenden Quellen erwähnt. Im *Bardass* werden solche speziell gebrauten alkokolischen Getränke als »Tränke des Vergessens« bezeichnet, obwohl ihre Rezepturen oder ihr Verwendungszweck nicht erwähnt werden. In einer anderen Quelle wird betont, daß die druidische Priesterschaft »helle Weine« als Trankopfer bevorzugte. Sie haben die Macht, »die schwere blaue Kette zu lösen, welche die Meere von *Annwn* umschließt«.

In einem ausführlichen Aufsatz über die Druiden, der 1864 von Edward Williams im *Celtic Review Journal* veröffentlicht wurde, sind sogenannte »Trankopfersteine« erwähnt und abgebildet. Dabei handelte es sich um große, flache und oftmals ausgewaschene Steine, die einzig als Empfangsgefäße dienten für »geweihte Weine, die den Göttern (besonders Goibniu, dem keltischen Gott der Braukunst) an den Jahreszeitenfesten geopfert wurden«. Williams beschreibt weiterhin den traditionellen Brauch, den Göttern stets geweihte Tränke zu opfern, »bevor die Gemeinschaft daran teilhatte«. Solche Schilderungen liefern einen recht guten Beweis für den rituellen Gebrauch derartiger Trankopfer unter der Priesterschaft.

Im *Book of Pheryllt* werden Rezepte für vier dieser Trankopfer (d.h. Met, Wein oder Bier) angegeben, von denen jedes zu einem der vier wichtigsten Hain-Feste des keltischen Jahres paßt. Dies läßt auf den keltisch-druidischen Brauch schließen, für jedes Hauptfest auf der Grundlage der Kräuter, die für die betreffende Jahreszeit als heilig angesehen wurden, eine besondere Sorte Met zu brauen. Zur Pflege dieser Tradition werden die Rezepte hier abgedruckt. Probieren Sie diese aus – sie werden den hohen Festtagen mit Sicherheit eine außergewöhnliche symbolische Note verleihen.

Beltane-Met

Drei Kräuter: Heideblüten
etwas Waldmeister
Mädesüßkraut

Besonderes Wasser: Frühlingsregen

Zubereitung: Kochen Sie 1 Tasse von jedem Kraut 1 Stunde lang in 40 Tassen Wasser. Fügen Sie 1 Tasse Gerstenmalz und 1 Tasse Honig hinzu. Seihen Sie die Flüssigkeit durch, und lassen Sie sie auf ca. 20°C abkühlen. Fügen Sie 30 g Hefe hinzu und lassen das Ganze 24 Stunden ziehen. Wenn das Getränk rituell verwendet werden soll, fügen Sie noch 3 Tropfen Frühlingsregen hinzu. Seihen Sie nochmals durch, und füllen Sie den Met in Flaschen, die Sie aber erst dann fest verschließen, wenn der Gärungsprozeß abgeschlossen ist. Lagern Sie die Flaschen bis zum Gebrauch an einem kühlen Ort in Sand.[1]

Mittsommer-Wein

Drei Zutaten: Eichenblätter (ein kleiner Eimer voll)
Schlüsselblumen (1 Handvoll)
Golden Pipes (1 Handvoll)[2]

Besonderes Wasser: Morgentau

---

[1] Alle Rezepte können natürlich auch in entsprechend kleineren Mengen hergestellt werden.

[2] Wenn nötig, können rote Rosenknospen als Ersatz für die Schlüsselblumen und Kamille anstelle von *Golden Pipes* verwendet werden.

Zubereitung: Füllen Sie frische grüne Eichenblätter zusammen mit den beiden anderen Kräutern (wenn möglich frisch) in ein großes Gefäß. Gießen Sie 10 Tassen kochendes Wasser darüber, bedecken Sie das Ganze mit einem Tuch und lassen es 12 Stunden stehen. Geben Sie in einem großen Kochgefäß 6 Tassen Honig zu 10 Tassen Wasser, bringen Sie dies zum Kochen, bis der Honig sich aufgelöst hat. Fügen Sie dann die durchgeseihte Eichenblatt/Kräutermischung hinzu. (Geben Sie auch den Tau dazu.) Lassen Sie die Flüssigkeit auf ca. 20°C abkühlen und geben 30 g Hefe hinzu. Decken Sie das Ganze zu und lassen es 2 Wochen gären. Schöpfen Sie den Wein mit einer Kelle vorsichtig in Flaschen, die Sie in Sand lagern und und nur leicht zustöpseln. Verschließen Sie die Flaschen erst dann fest, wenn der Gärungsprozeß abgeschlossen ist.

Samhain-Wermut

Drei Zutaten: frischer Apfelmost (12 l)
Wermut (1 große Handvoll)
Kürbisblüten (1 Handvoll)

Besonderes Wasser: Wasser aus einem tiefen Brunnen

Zubereitung: In einem Holzgefäß (am besten in einem Eichenfaß) weichen Sie den getrockneten Wermut und die Kürbisblüten (als Ersatz können Melonenblüten genommen werden) mit etwas Hefe 1 Woche lang in dem Apfelmost ein. Geben Sie 1 Tasse Brunnenwasser hinzu und füllen das Ganze in Flaschen, die Sie fest verschließen und bis zum Gebrauch in Sand lagern. Nach traditionellem Brauch wird in jede Flasche 1 Gewürznelke gegeben.

Mittwinter-Mulsa

Drei Kräuter: Wacholderbeeren
(1 Handvoll)
Wintergrün
(2 Handvoll)[3]
Holunderblüten
(3 Handvoll)

Besonderes Wasser: geschmolzener Schnee

Zubereitung: Lassen Sie die drei Kräuter zusammen (bei ritueller Verwendung mit 1 Handvoll Schnee) 1 Stunde lang in 12 l Wasser kochen. Seihen Sie das Ganze durch und fügen 4 Tassen Honig oder Zuckerraffinade hinzu. Lassen Sie die Flüssigkeit auf ca. 20°C abkühlen. Verteilen Sie 2 EL guten Hefeaufstrichs auf beiden Seiten eines Toastbrots und lassen dies 2 Tage lang obenauf schwimmen. Füllen Sie das Getränk für den späteren Gebrauch vorsichtig in Flaschen, die in Sand gelagert werden. Nach traditionellem Brauch werden in jede Flasche 3 Rosinen gegeben.

Alternativen für eine schnellere Zubereitung

Mai-Met: 15 g Heideblüten
15 g Mädesüß
15 g Waldmeister

Gießen Sie 4 l Weißwein auf die Kräuter und lassen die Mischung 4 bis 6 Stunden ziehen (oder länger, wenn Sie einen starken Kräutergeschmack wünschen). Durchseihen und vor dem Servieren kühl stellen. (Mit einer Zitronenscheibe oder gelben Blüte garnieren.)

---

[3] Der botanische Name von »Wintergrün« ist *Gaultheria procumbens*.

Mittsommer-Bier: 15 g frische Eichenblätter
15 g *Golden Pipes* (Kamille)
15 g Schlüsselblumen
(oder rote Rosenknospen)

Lassen Sie die Kräuter 24 Stunden in 4 l Rotwein ziehen. Fügen Sie 9 Eßlöffel Honig und 1 Eßlöffel Vanille (nach Wunsch) hinzu. Durchseihen und vor dem Servieren kühl stellen. (Mit einer frischen Blüte garnieren.)

Samhain-Wermut: 2 Teelöffel Wermut
2 Teelöffel getrocknete Apfel- oder Apfelminzeblätter
2 Teelöffel getrocknete Kürbiskerne

Lassen Sie die Kräuter 1 Woche lang in 1 l Portwein ziehen. Durch ein feines Tuch seihen und in Flaschen füllen. (Beim Servieren mit frischen Kürbisblüten, Rosinen oder Gewürznelken garnieren.)

Mittwinter-Mulsa: 15 g Wacholderbeeren (zerstoßen)
15 g Wintergrün
15 g Holunderblüten

Lassen Sie die Kräuter 4 bis 6 Stunden in 2 l trockenem Weißwein ziehen. Durchseihen und kühl stellen. (Mit einem Tannenzweiglein oder warm mit einer Zimtstange garniert servieren.)

Lektion 19

Der Ritus der Schwelle

Als ich als Junge England besuchte,
schnitzte ich aus Holz eine geheimnisvolle
zweiköpfige Figur, ohne die geringste
Ahnung zu haben, was ich da schnitzte.
Jahre später bildete ich diese Gestalt
in einem größeren Maßstab in Stein nach,
und diese Figur steht heute in meinem Garten
in Küsnacht. Erst während dieser Arbeit
lieferte mir das Unbewußte einen Namen dafür.

C. G. Jung

In dem Kapitel »Zwischen den Welten weilen« kommen wir mit einer Art von Magie in Berührung, die außergewöhnlichen Zuständen zu eigen ist: jenen übernatürlichen, immer etwas unheimlichen Zeiten, die die Kelten als »Schwelle« bezeichneten. Zu solchen halbdunklen Zwischenzuständen der Erde gehören:

- Morgendämmerung
- Abenddämmerung
- Mitternacht
- Vollmond
- Neumond
- 6. Tag nach Neumond
- Feenkreise und Hexenringe[1]
- Nebel
- Gewitter
- Tau
- Erdbeben
- Wirbelsturm
- Orkan
- Wasserfall
- Blitz
- Schneesturm
- Eklipse
- Vulkanausbruch
- Überschwemmung
- Dunst/Wolken
- die acht Hain-Feste

Während dieser gewöhnlich sehr intensiven, aber vorübergehenden Zustände werden seltene Erdkräfte von großer Energie entfesselt. Wenn sich der Magier der Kräfte eines solchen »Schwellenzustands« bewußt ist, kann er mit ihren Elementarwesen kommunizieren, von ihren fremdartigen Energien lernen und sie anwenden.

Von allen oben genannten Schwellenzuständen gibt es einen, der sich von den übrigen unterscheidet, da er den direktesten Zugang zur Anderwelt besitzt: der Nebel. Er wurde als »Mantel der Götter« angesehen, und bereits in den frühesten schriftlichen Zeugnissen der keltischen Geschichte und Mythologie entdecken wir eine unmittelbare Verbindung zwischen den Druiden und dem Nebel. Druiden errichteten häufig Wände aus Nebel oder Dunstschwaden vor unfreundlichen Heiligen, wofür sie einen Zauberstab oder eine magische Rute benutzten. Die Kelten glaubten, daß Augenblicke dichten Nebels ein offenes Eingangstor in die Anderwelt bildeten, durch das eine Person buchstäblich gehen konnte und umgekehrt auch alle Arten von Wesen (von Ahnen bis zu Elementargeistern) ungehinderten Zugang zu unserer Welt hatten. Dieser Glaube spiegelt sich in dem Kapitel »Zwischen den Welten weilen« wider, wo Arthur plötzlich mitten in einen solchen Nebel hineingelockt wird.

[1] »Feenkreise« sind runde Stellen auf Wiesen usw., die sich durch ihre Färbung deutlich von ihrer Umgebung abheben. – »Hexenringe« bezeichnen einen Kreis von Hutpilzen auf Wiesen- oder Waldboden.

Im *Book of Pheryllt* erfahren wir, daß der keltische Gott Janus der »Hüter der Schwelle« ist. Sein heiliger Baum ist die Buche und die ihm geweihte Speise Pilze. Die obige Abbildung ist eine Darstellung dieses Gottes, wobei der für ihn charakteristische Kopf gleichzeitig in beide Richtungen blickt. Nach diesem Abschnitt sind sein Totembaum und die ihm geweihte Speise abgebildet. Bedenken Sie einmal die Symbolik eines solchen »gegensätzlichen Kopfes«. Er steht für einen Zwischenzustand – etwas, das ein Ding, doch zugleich auch ein anderes ist und zu beiden Welten gehört. Pilze als eine Nahrung, die weder Pflanze noch Mineral ist, haben eine ähnliche Sonderstellung.

Beachten Sie auch, daß in der gesamten keltischen Welt Hunderte solcher Janusköpfe bei Ausgrabungen gefunden wurden. Die meisten von ihnen waren entweder aus Buchen- oder aus Eichenholz geschnitzt, was zweifellos die Authentizität sowohl des Phänomens als auch der Gottheit innerhalb des Druidentums bestätigt.

Nebel wurde als besonders machtvoll angesehen, wenn er unmittelbar vor Einbruch der Dunkelheit auftrat, gewissermaßen als »Tor zur Dämmerung«, und damit eine »doppelte Schwelle« bildete. Das *Book of Pheryllt* bringt die kurze Beschreibung eines SCHWELLENRITUS unter dem Einfluß von Nebel. Im nächsten Abschnitt werden die einzelnen Schritte dieses Ritus umschrieben:

* *Beschaffen Sie sich einen Stab, der Janus geweiht ist. (Das bedeutet, daß Sie sich selbst einen solchen Stab anfertigen. Schnitzen Sie einen doppelköpfigen Stab oder Stock aus Buchenholz. Halten Sie sich dabei an das Janus-Vorbild, und achten Sie darauf, daß es sich tatsächlich um Buchenholz handelt.)*

* *Stellen Sie eine Räuchermischung zusammen, die im Quellentext als »Schwellenrauch« bezeichnet wird und zu gleichen Teilen aus Hanf, Tollkirsche (*Belladonna*) und Stechapfel (*Datura*) besteht.* Achtung: Bewahren Sie die

Mischung unter allen Umständen in einem »dunklen Kästchen« oder einem lichtundurchlässigen Behälter auf.

* *Wenn ein für das Ritual geeigneter Nebel herrscht, kleiden Sie sich in Grau und begeben sich mitten in ihn hinein. Nehmen Sie Zunder, die Räuchermischung, eine silberne Kerze und den Janus-Stab mit.*

* *Ziehen Sie einen Kreis, setzen Sie sich hinein und zünden Ihre Kerze und das Räucherwerk an.*

* *Vergraben Sie den Janus-Stab innerhalb des Kreises in der Erde.*

* *Wenn Sie dazu bereit sind, rezitieren Sie die* GROSSE INVOKATION, *gefolgt von dem* ZAUBER DES WIRKENS *– wie in Lektion 17 beschrieben. Haben Sie Geduld und warten Sie.*

Warnung: Sollte sich ein Portal zur Anderwelt öffnen, so gehen Sie mit äußerster Vorsicht vor. Wenn Sie hindurchtreten und der Nebel sich auflöst, kann es passieren, daß Sie in eine Falle geraten. Die Kerze hat die Funktion, daß Sie Ihren Eingangspunkt wiederfinden können. Der Januskopf dient Ihrem Schutz. Er hindert Wesen aus der Anderwelt daran, durch Ihr Portal zu entweichen, da er der »Hüter der Schwelle« ist. Treten Sie nur für kurze Zeit durch ein solches »Nebeltor«, denn Nebel ist stets veränderlich und seinem Wesen nach unberechenbar. Seien Sie wachsam, und bringen Sie nie einen Gegenstand aus der Anderwelt mit zurück.

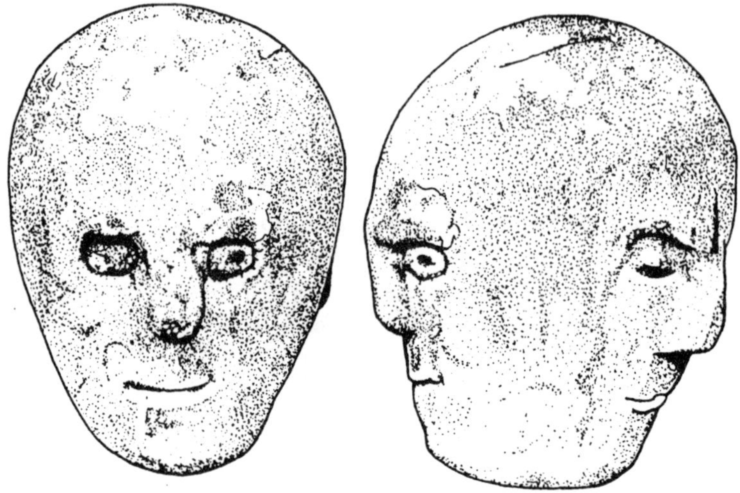

Abschließend sollte noch erwähnt werden, daß auch alle anderen Schwellenzustände, die zu Beginn dieser Lektion genannt wurden, als Portale zur Anderwelt genutzt werden können. Verwenden Sie dafür den gerade beschriebenen »Ritus des Nebels« als Grundlage, und gehen Sie mit den anderen Schwellenzuständen ebenso kreativ um. Denken Sie daran, daß Ihr Erfolg als Magier von Ihrer Schnelligkeit und Wachsamkeit abhängt ... denn solche Schwellen kommen und vergehen rasch. Die ehrfurchtgebietende Wirkung, die während jener kurzen Augenblicke erfahren werden kann, hält jedoch häufig ein ganzes Leben an.

Lektion 20

Die Triskele-Steine

Als Anthropologen sehen wir uns nun der großen Wahrscheinlichkeit gegenüber, daß unsere entfernten Vorfahren tiefe und komplexe Kenntnisse über die Wechselwirkungen zwischen ihnen und ihrer Umwelt hatten, von denen wir heute nur dunkel etwas ahnen.

R. J. C. Atkinson, *The Ley Hunter*

In dem Romankapitel »Rose des Nordens« besucht Arthur die Stadt *Caer Idris* in der Anderwelt, wo er zum ersten Mal die »Großen Säulen von *Menw*« erblickt – die drei »bedeckten Menhire«, die so häufig in irgendeiner Form in der ganzen keltischen Mythologie auftauchen.

Wofür stehen diese drei »bedeckten Menhire«? Sie verkörpern, um es ganz einfach auszudrücken, den druidisch-keltischen Grundgedanken der »mystischen Unterteilung in Dreiergruppen«. Ein alter walisischer Lehrsatz besagt, daß »wahres religiöses Gleichgewicht durch die Vereinigung von drei ungleichen Teilen erreicht wird«. Die drei Säulen sind ein Beispiel dafür: Sie symbolisieren die männlich-weibliche Polarität, die durch ein drittes »unbekanntes« Element vereint wird. Sie sind eine erweiterte Form der »Drei Strahlen von *Awen*«.

Die drei hoch aufragenden Säulen waren aus unbehauenem Stein. Das obere Ende der rechten Säule war mit Gold überzogen, das der linken mit Silber; die mittlere »Säule des Gleichgewichts« war stets schwarz, sie stand für »das Jenseits«. Der Historiker James Bonwick bringt in seinem klassischen Werk *Irish Druids and Old Irish Religions* eine gute Beschreibung dieser Säulen:

> *Die Kelten kannten keine übermäßige Verehrung gegenständlicher bildlicher Darstellungen, ausgenommen den unbehauenen Stein, der mit Gold und Silber bedeckt war, was Sonne und Mond darstellte, und häufig von zwölf anderen Steinen umgeben war, die für den Tierkreis standen.*

Wir kommen nun zu der praktischen Anwendung. Eine der Beschreibungen, die im *Book of Pheryllt* in einem Kapitel zu finden ist, das neun Orakel behandelt, berichtet von der gebräuchlichen druidischen Praxis, »Steine der Betrachtung« zu verwenden, um Einflüsse aus der Anderwelt zu enthüllen. In anderen Teilen des Manuskripts werden diese Steine als *Clacha-Brath* (»Urteilssteine«), »Ja/Nein-Steine«, »Schrittsteine« oder »Himmelssteine« bezeichnet. Doch die Symbolik ist für jede Namensform die gleiche: Sie werden als Manifestationen der drei Schwellen von *Morgendämmerung* (der goldene männliche Stein), *Abenddämmerung* (der silberne weibliche Stein) und *Mitternacht* (der schwarze unbekannte Stein) angesehen.

Das *Book of Pheryllt* erwähnt auch eine Reihe von Verwendungszwecken für eine kleine, tragbare Form der Steine. Sie wurden u. a. als »Schrittsteine« bezeichnet, weil sie zur Übung im »Flug des Geistes« verwendet wurden, dem heute als »Astralprojektion« bekannten Phänomen. Die drei Schrittsteine wurden an sorgfältig ausgewählte Stellen in der Nähe des Schülers gelegt – der silberne Stein immer am nächsten, dann der goldene und der schwarze am weitesten entfernt. Die Aufgabe bestand darin, den Anderwelt-/Geistkörper des Lehrlings so zu »programmieren«, daß er während des Schlafs die Position der Steine in der richtigen Reihenfolge ausfindig machen konnte, um die Fähigkeit zum »Flug des Geistes« zu erlernen. Daher erklärt sich die Bezeichnung »Schrittstein«. Eine andere Anwendung bestand darin, mit den Steinen »Orakelbäume zum Sprechen zu bringen«. Diese Methode ist als praktischer Teil dieser Lektion ausgewählt worden, und daher wollen wir nun direkt zur Anfertigung der *Triskele-Steine* übergehen.

Warum werden die drei Steine im *Pheryllt*-Text mit diesem Namen bezeichnet? Weil das oben abgebildete Symbol der keltischen *Triskele* die »dreieinige Manifestation« als spirituelle Grundlage der Steine versinnbildlicht. Die *Triskele* war die keltische Entsprechung zum modernen westlichen »Rad des Schicksals« oder »Rad des Lebens«, wie es im Tarot genannt wird, das für die unaufhörlich kreisenden Zyklen des Lebens und Schicksals steht. Die Steine waren daher ein druidisches Hilfsmittel, um die Richtung dieser Bewegung zu enthüllen.

Die einfachste Methode, sie herzustellen, besteht darin, sich drei kleine Steine zu beschaffen und sie anzumalen: einen golden, einen silbern und einen schwarz. Diese Methode ist zwar einfach, aber auch am wenigsten effektiv. Die energetischen Eigenschaften der Elemente Gold, Silber und Kohlenstoff haben einen recht großen Einfluß auf die Wirksamkeit der Steine und die Qualität der Antworten, die sie »anziehen«. Diese drei Substanzen sind mehr als nur willkürlich ausgewählte Mineralien. Sie sind ihrem Wesen nach mit den polarisierten Kräften verbunden, die sie verkörpern. Mit anderen Worten, *Triskele*-Steine mit natürlichem Gehalt an Gold, Silber und Kohlenstoff sind am besten geeignet. Wenn Sie nicht die Möglichkeit haben, »echte« Steine zu benutzen, sollten Sie den verwendeten Farbpigmenten Staub oder Feilspäne aus Gold, Silber und Kohlenstoff hinzufügen.

Machen Sie eine Mineralienhandlung oder einen Edelsteinladen ausfindig, und sehen Sie sich dort nach geeigneten Stükken der folgenden Mineralien um:

* HÄMATIT – für den silbernen Stein
* PYRIT – für den goldenen Stein
* OBSIDIAN – für den schwarzen Stein (oder Kohle)

Viele suchen sich ihre Steine auch gern am Strand. Sie werden dort Steine in jeder Farbe und Größe finden, obwohl es unwahrscheinlich ist, daß Sie hier auf Exemplare mit tatsächlichem Metallgehalt stoßen. Wenn Ihnen diese Vorgehensweise jedoch zusagt, dann wählen Sie als Ersatz Steine in den folgenden symbolischen Farben aus:

* Blau – für den silbernen Stein
* Gelb – für den goldenen Stein
* Schwarz – für den schwarzen Stein

Wenn Sie Ihre Steine gefunden oder angefertigt haben, dann bewahren Sie sie in einem selbstentworfenen Beutel oder Kästchen auf. Gehen Sie bei ihrer Verwendung nach den folgenden drei Schritten vor:

1. *Stellen Sie Ihre Frage.*
2. *Werfen Sie die drei* Triskele-*Steine auf eine gerade Fläche vor sich.*
3. *Deuten Sie die Steine. Der schwarze Stein ist der Indikator. Der Stein, der ihm am nächsten liegt, zeigt die Antwort an. Gold bedeutet »Ja«/eine positive Aussage, Silber bedeutet »Nein«/eine negative Aussage. Wenn alle drei Steine gleich weit entfernt voneinander sind, so wiederholen Sie den Wurf.*

Wie bereits erwähnt, ist ein komplexeres, aber auch authentischeres Ritual, das die *Triskele*-Steine als »Baumorakel« einbezieht, im *Book of Pheryllt* enthalten. Diese Methode wird nun im Überblick vorgestellt, und der Leser wird aufgefordert, eigene Versuche mit dieser Symbiose aus Holz und Stein anzustellen.

* *Suchen Sie sich einen persönlichen Orakelbaum*, d. h. einen Baum an einem möglichst abgelegenen Ort, der irgendwie besonders auf Sie wirkt und Sie auf freundliche, wie sympathetische Weise zu »rufen« scheint. Für die Kelten waren »Orakelbäume« besondere Wesen, oft von unermeßlichem Alter, die als Mittler zwischen Göttern und Menschen wirken konnten und eine »Brücke zwischen Himmel und Erde« schlugen.

Wenn Sie kurz in der Tabelle »Die Persönlichkeit der Bäume« in Lektion 10 nachschlagen, werden Sie deutlich erkennen, daß bestimmte Bäume bestimmte Wesensmerkmale besitzen. Mit anderen Worten, bestimmte Bäume werden bestimmte Menschentypen anziehen – genauso wie Menschen untereinander Freunde finden, die ihnen sympathisch und seelenverwandt sind. Um einen solchen »sympathetischen« Orakelbaum zu entdecken, müssen Sie auf Ihrer Suche nur so offen und empfänglich wie möglich sein. Sie werden es spüren, wenn Sie auf den richtigen Baum stoßen.

* *Bringen Sie Ihre Frage vor den Orakelbaum.* Wählen Sie den Zeitpunkt dafür intuitiv aus (verschiedene Arten/Ausrichtungen von Bäumen sind zu bestimmten Zeiten/Phasen des Tages aktiver als zu anderen). Nehmen Sie die *Triskele*-Steine und die folgende druidische Räuchermischung sowie ausreichend Zunder mit:

Diese DREIFACHE MISCHUNG besteht
zu GLEICHEN Teilen aus
EICHENBLÄTTERN ODER -RINDE,

MISTEL und dem
KRAUT, DAS DER GOTTHEIT GEWEIHT IST,
an die Sie sich wenden.

* *Schaffen Sie sich Ihren Platz für das Ritual in unmittelbarer Nähe des Baumes, denn die Steine müssen innerhalb seines Energiefeldes (seines Lichtschildes oder seiner »Aura«) zu Rate gezogen werden. Zünden Sie das Räucherwerk an einer sicheren Stelle an und lassen es lange genug brennen, so daß eine positive spirituelle Atmosphäre zu spüren ist.*

* *Rufen Sie Ihre Gottheit an, damit sie ihren Willen durch den Orakelbaum verkündet. Der Leser muß verstehen, daß der Baum selbst nicht den erbetenen Rat erteilt, sondern lediglich als Kanal für die Gottheit dient. (Genau diese Bedeutung ist in dem Wort »Orakel« enthalten: »das, was für eine höhere Macht spricht«.) Stellen Sie Ihre Frage. Sie sollten sich auch über den Grund Ihrer Fragestellung im klaren sein.*

* *Werfen Sie die Steine vor dem Orakelbaum, wenn Sie das Gefühl haben, daß der richtige Augenblick dafür gekommen ist. Werfen Sie nur, bis Sie eine Antwort erhalten, und wiederholen Sie den Wurf nicht in der Hoffnung auf ein besseres Ergebnis. Ein solches Vorgehen würde die Methode durcheinanderbringen und zunichte machen. Vertrauen Sie auf die erste Antwort.*

Lektion 21

Der Ritus der aktiven Tür

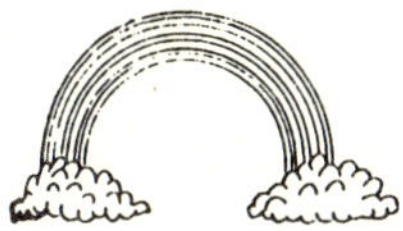

Das Wissen um die Vorgänge des
Hintergrundes hat meine Beziehung zur Welt
schon früh vorgebildet.
Im Grunde genommen war sie bereits
in meiner Kindheit so, wie sie noch heute ist.
Als Kind fühlte ich mich einsam,
und ich bin es noch heute, weil ich Dinge weiß
und andeuten muß, von denen die anderen
anscheinend nichts wissen und meistens
auch gar nichts wissen wollen.

C. G. Jung[1]

In dem Romankapitel »Jenseits von Wort und Tat« findet Arthur heraus, daß Visualisierung tatsächlich »der Schlüssel zum Okkulten« ist, um die Worte von Israel Regardie zu zitieren. Hier wird eines der Grundprinzipien des gesamten Druidentums enthüllt: das Geheimnis der Farben und das seit langer

---

[1] *Erinnerungen, Gedanken, Träume von C. G. Jung*. 8. Aufl., Olten (Walter-Verlag) 1992, S. 357.

Zeit ungelöste Rätsel der Verbindung der Druiden mit der Farbe Weiß, dem Glas und dem Bergkristall.

Für die Druiden lag die magische Wirkung von Glas – jener Substanz der Anderwelt, »die da und doch nicht da ist« – nicht im Kristall selbst, sondern in seiner Fähigkeit, weißes Licht in die Spektralfarben zu zerlegen. Wie wir vom Betrachten eines Regenbogens in der Natur her wissen, brechen sich die sieben Farben, aus denen sich das weiße Licht zusammensetzt, in der festgelegten Reihenfolge ROT – ORANGE – GELB – GRÜN – BLAU – INDIGO – VIOLETT.

Wie bereits erwähnt, pflegten die Druiden ihre religiösen Praktiken und philosophischen Lehren auf solche Gesetzmäßigkeiten zu gründen, die leicht in der Natur zu beobachten sind. Daher erscheint es nicht überraschend, daß das *Book of Pheryllt* erwähnt, die Reihenfolge der Spektralfarben sei von großer Bedeutung für die Druiden. Sie wurde, wie alle natürlichen Strukturmuster, als unmittelbare Widerspiegelung der »Verkörperung von Gottes Vollkommenheit« gesehen. Durch die Beobachtung der Gesetzmäßigkeiten in der Natur, so folgerten die Druiden, habe der Mensch das seltene Vorrecht, »etwas von Gott zu erkennen, Der an sich unerkennbar ist«, wie es im *Barddas* heißt.

Das *Pheryllt*-Manuskript enthält auf den letzten Seiten den sogenannten »Ritus der Flammenden Tür«, wobei die Tür zweifellos identisch ist mit der im keltischen *Mabinogion* erwähnten »aktiven Tür«, die manchmal auch die »dritte Tür« oder die »starke Tür« genannt wird. Diese Tür existierte – unter welchem Namen auch immer – jenseits der Grenzen unserer Welt von *Abred* und für die Druiden »jenseits der sieben farbigen Lichter« (*Barddas*, XVI). Diese Vorstellung steht im Mittelpunkt des Ritus, der in »Jenseits von Wort und Tat« beschrieben wird und hier zur leichteren Anwendung nochmals zusammengefaßt wird. Wenn man die alten Metaphern, welche die »keltische Tür zum Jenseits« umgeben, in den Jargon unserer Tage übertragen wollte, würde sie bestimmt als die »Tür über dem Regenbogen« bezeichnet werden.

Zur Vorbereitung auf das Studium des *Ritus der aktiven Tür* möchte ich dem Leser nahelegen, nochmals in Lektion 1 nachzuschlagen, wo der Begriff »Erleuchtung« behandelt wird – denn der Schlüssel zur erfolgreichen Anwendung dieses Ritus hängt von der Fähigkeit des Magiers ab, die folgenden archetypischen Bilder zu spirituellem Leben zu erwecken. Auch das erneute sorgfältige Studium des »Meisterplans der elementaren Entsprechungen« aus Lektion 3 wird empfohlen. Machen Sie sich gründlich mit den darin enthaltenen Verbindungen zwischen Farben und Elementen vertraut. Besorgen Sie sich dann ein sehr gutes Glas- oder Kristallprisma (ohne um den Preis zu feilschen!), um die sichtbaren und fühlbaren Farbenergien aus erster Hand studieren, untersuchen und erfahren zu können. Gehen Sie kreativ dabei vor.

* * *

Hier nun die Übertragung des Ritus der aktiven Tür für den praktischen Gebrauch:

> *Wählen Sie einen Ort, am besten im Freien, an den Sie sich zurückziehen können und wo Sie ungestört sind. Ziehen Sie Ihren Kreis und setzen sich bequem darin nieder. Wenn Sie möchten, können Sie passendes Räucherwerk verbrennen.*

Der »Schwellenrauch« (siehe Lektion 19) oder die dreifache Mischung (siehe Lektion 20) eignen sich ideal dafür. Der Kreis sollte dadurch vorbereitet werden, daß Sie den Ritus der Drei Strahlen *darin ausführen. Schließen Sie die Augen und zählen Ihre Herzschläge, bis sich ein geistiger Versenkungszustand einstellt. »Erleuchten« Sie dann die folgenden Verse, die Sie natürlich auswendig sprechen:*

Der Ritus der aktiven Tür

Vers | Symbolik

Ich bin ein unter der Erde verborgener STEIN*!*

Ich bin die PURPURFARBENEN TIEFEN *des Meeres!*

Ich bin eine BLAU SCHÄUMENDE WOGE *unter dem Mond!*

Ich bin ein alter SMARAGDGRÜNER WALD*!*

Ich bin ein GELBER TROPFEN AUS DER SONNE*!*

Ich bin ein
ORANGEFARBENER KÜRBIS
auf einem Feld!

Ich bin eine
FLAMMENDE TÜR!

Wenn Ihr Anderwelt-Körper vor der »Flammenden Tür« steht, warten Sie, bis sie sich öffnet. Treten Sie dann hindurch, wenn Sie möchten, und gehen dabei nach dem *Ritus des Zugangs* in Lektion 13 vor. Wenn Sie zurück wollen, treten Sie wieder durch die Tür und kehren dabei die Verse und die Symbolik des Ritus um. Das Kapitel »Jenseits von Wort und Tat« enthält ein sehr gutes Beispiel für die Anwendung. Aus eigener Erfahrung und nach gemeinsamen Bemühungen einiger Schüler kann ich sagen, daß die in dieser Lektion enthaltene Belehrung von ihren Möglichkeiten wohl die tiefgründigste ist, auf die ich bei der Bearbeitung des *Book of Pheryllt* gestoßen bin.

Anhang

Câd Goddeu
Die Schlacht der Bäume

Die Wipfel der Buche
Haben jüngst erst geknospt,
Sind verändert und verjüngt
Aus ihrem welken Zustand.

Wenn die Buche gedeiht
Trotz Bannfluch und Litaneien,
Die Eichenwipfel sich verflechten,
Dann ist Hoffnung für die Bäume.

Ich plünderte den Farn,
Alle Geheimnisse ergründe ich,
Der alte Math ap Mathonwy
Wußte nicht mehr als ich.

Mit neun Arten von Eigenschaften
Hat Gott mich begabt:
Ich bin die Frucht von Früchten,
Gebrockt von neun Arten von Bäumen –

Pflaume, Quitte, Heidelbeer, Maulbeer,
Himbeer, Birne,
Schwarzkirsche und Weißkirsche
Und die Elsbeere sind Teil von mir.

Von meinem Sitz in Fefynedd,
Einer stark bewehrten Stadt,
Sah ich die Bäume und Pflanzen
Fort eilen.

Zurückweichend vor dem Glück
Wurden sie gern gefaßt
In die Form der Hauptbuchstaben
Des Alphabets.

Wanderer staunten,
Krieger waren erschreckt
Über das Wiederaufleben der Konflikte,
Von Gwydion ausgeheckt;

Unter der Zungenwurzel
Ein höchst schrecklicher Kampf,
Und ein anderer tobt
Hoch im Hinterkopf.

Die Erlen in der ersten Reihe
Begannen mit dem Gemetzel.
Weide und Eberesche
Traten verspätet in die Schlachtreihe.

Die Steineiche, dunkelgrün,
Hielt entschlossen stand;
Sie ist bewaffnet mit vielen Speerspitzen,
Die verwunden die Hand.

Unter den stampfenden Füßen der schnellen Eiche
Dröhnten Himmel und Erde;
»Mannhafter Wächter der Pforte«
Heißt ihr Name in allen Sprachen.

Groß war der Stechginster in der Schlacht
Und der Efeu in seiner Blüte;
Der Haselstrauch war Schiedsrichter
In dieser verzauberten Zeit.

Ungeschlacht und wild war die Tanne,
Grausam der Eschenbaum –
Weicht keinen Fußbreit zur Seite,
Direkt aufs Herz zielt er.

Die Birke, obwohl sehr edel,
Bewaffnete sich erst spät:
Ein Zeichen nicht von Feigheit,
Sondern von hohem Stand.

Das Heidekraut spendete Trost
Dem von Mühen erschöpften Volk,
Die ausdauernden Pappeln
Brachen oft in der Schlacht.

Etliche wurden verworfen
Auf dem Feld der Schlacht
Wegen der Lücken, die ihnen schlug
Des Feindes große Macht.

Sehr zornig war der Weinstock,
Dessen Helfer die Ulmen sind;
Ich preise sie vorzüglich
Den Herrschern der Reiche.

Starke Häuptlinge sind der Schwarzdorn
Mit seiner üblen Frucht,
Der unbeliebte Weißdorn
Mit ähnlichem Gewand.

Das rasch verfolgende Schilf,
Der Besenginster mit seiner Brut,
Und der Stechginster benahm sich wüst,
Bis er gezähmt ward.

Die Gaben verschenkende Eibe
Stand finster am Rand der Schlacht,
Und der Holunder, der langsam brennt,
Inmitten sengender Feuer.

Und der gesegnete Wildapfel,
Lachend vor Stolz,
Aus dem *Gorchan* des Maeldrew
Neben der Felswand.

Im Verborgenen blühen
Liguster und Geißblatt,
Unerfahren im Kampfe;
Und die ritterliche Kiefer.

Aber ich, wenngleich verachtet,
Weil ich nicht groß war,
Kämpfte, ihr Bäume, in Euren Reihen
Auf dem Feld von Goddeu Brig.[1]

---

[1] Diese Fassung des *Câd Goddeu* stammt aus Robert von Ranke-Graves *Die Weiße Göttin*. Sprache des Mythos. Reinbek (Rowohlt) 1985, S. 49–52. (Mit freundlicher Genehmigung von Mohrbooks, Zürich)

Câd Goddeu

Die Rangordnung der Bäume im keltischen Britannien

Anführer:	*Bauern:*
1. Eiche	6. Espe
2. Wildapfel	7. Esche
3. Erle	8. Kiefer
4. Weide	9. Weißdorn
5. Birke	10. Eibe
Büsche:	*Gesträuch:*
11. Schwarzdorn	16. Efeu
12. Eberesche	17. Weinstock
13. Holunder	18. Schilf
14. Haselstrauch	19. Stechginster
15. Stechpalme	20. Heidekraut

ALPHABETE

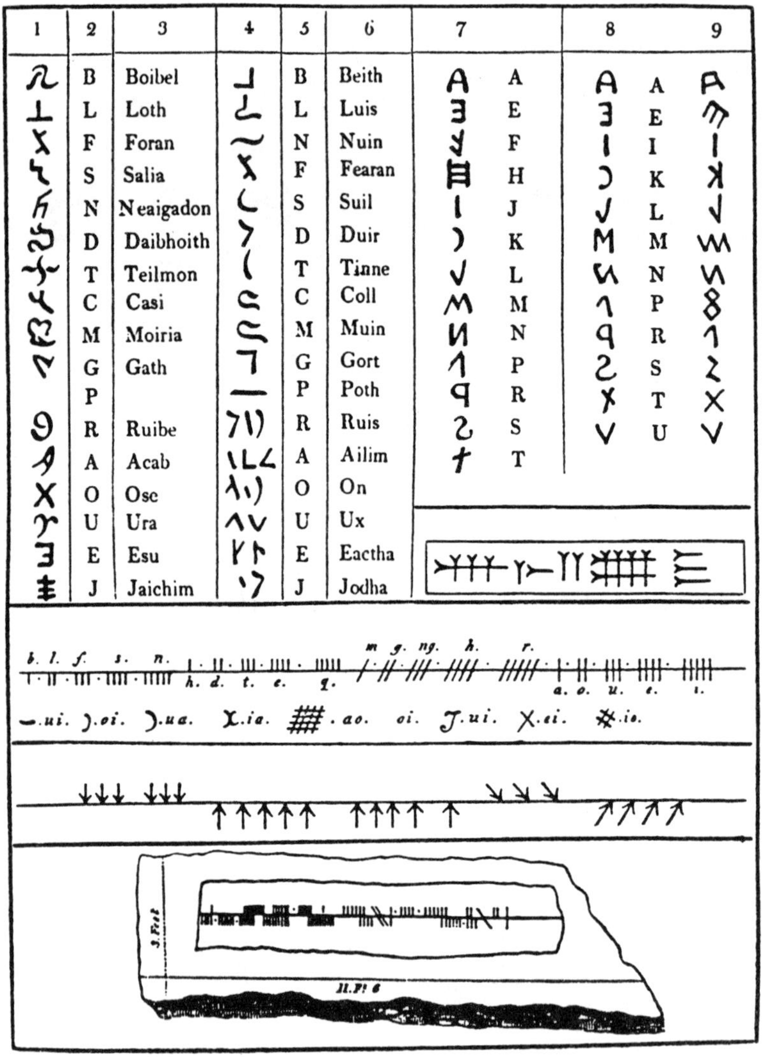
1 2 3 4 5 6 7 8 9
B Boibel B Beith
L Loth L Luis
F Foran N Nuin
S Salia F Fearan
N Neaigadon S Suil
D Daibhoith D Duir
T Teilmon T Tinne
C Casi C Coll
M Moiria M Muin
G Gath G Gort
P P Poth
R Ruibe R Ruis
A Acab A Ailim
O Osc O On
U Ura U Ux
E Esu E Eactha
J Jaichim J Jodha
A E F H J K L M N P R S T
A E I K L M N P R S T U
b. l. f. s. n.
h. d. t. c. q.
m g. ng. h. r.
a. o. u. e. i.
.ui. .oi. .ua. .ia. .ao. oi. .ui. .ei. .io.
3 Feet
H.P! 6

Die alten Weisheiten

Wer um die Gewohnheiten von Vögeln und Tieren weiß,
Wer sie durch Lied und Ruf unterscheiden kann,
Wer das quecksilberhelle Leben in den Bächen kennt,
Den Lauf, den die Sterne über den Himmel nehmen,
Hat vielleicht niemals zu einem Buch gegriffen,
Doch er teilt die Weisheit mit der Unendlichkeit …
Wer mit empfindsamer, gewandter Hand an jedem
  Holzwerk arbeitet,
Der wird den Regen, das Sonnenlicht,
Den Sternenschein und den Tau aufnehmen,
Die in das Werden seiner Maserung Eingang fanden.
Wer Tag für Tag die Wohlgerüche des Waldes einatmet,
Der sollte groß und aufrecht, rein und gut werden.
Wer Gesellschaft in den Steinen und Zufriedenheit
In der Berührung von Ranke und Blatt findet,
Wer vor Freude einen Hügel erklettert und laut
  ein Lied singt,
Wer das Gefühl des Windes liebt, wird keinen
  Schmerz kennen,
Keine Einsamkeit, die jemals zu groß wird,
Denn nie wird er ganz verlassen sein …
Wer lange von diesen begleitet wird,
Hat an jeder alten Weisheit und Philosophie teil.

Alte walisische Versdichtung

Über das New Forest Centre

Wie bereits in der »Einführung« erwähnt, stammt das in den 21 Lektionen enthaltene traditionelle esoterische Wissen vor allem aus dem *Book of Pheryllt*. Der Autor macht dieses Wissen nun einem größeren Leserkreis zugänglich, um mit Hilfe der Informationen und geistigen Bilder Interesse bei all jenen zu wecken, für die weitere Studien über das geheime Wissen der Druiden nach authentischer Tradition von Nutzen sind. Für diese Leser sind die folgenden Erklärungen bestimmt:

Douglas Monroe hat neben der Arbeit an seinen Büchern dafür gesorgt, daß ein Ort geschaffen wurde, an dem die druidischen Lehren und Prinzipien zusammenhängend studiert und praktisch umgesetzt werden können. Dieser Ort trägt den Namen *New Forest Centre*. Es handelt sich dabei keineswegs um einen neuen Namen, denn sein archetypisches Vorbild ist der gleichnamige Wald, den es heute noch an der Südküste Englands oberhalb der »Dracheninsel« *Isle of Wight* gibt. Seit der Zeit der Sagen nutzten die Druiden von Albion diesen heiligen Ort als »Nabel zu Geheimnis und Initiation«, als Eingangstor zu den Elementarreichen der Anderwelt.

Der heutige *New Forest* ist ein greifbares Stück »archetypisches« Druidentum, Teil dieses alten Reiches und für die Nutzung durch westliche Druiden unserer Tage bestimmt, die altes Wissen nach authentischer Überlieferung erforschen möchten. Gegenwärtig gibt es viele druidische »Erneuerungs«-Bewegungen im Gewand der keltischen Tradition. Aus der Sicht des *Book of Pheryllt* sind diese jedoch *nicht druidisch*. Solche Systeme sind offensichtlich aus den Überresten der »Mutterschaft von Avalon« hervorgegangen – also dem matriarchalisch geprägten *Wicca*-Zweig des Druidentums. Der männliche gnostische Zweig hingegen ist, wie bereits in der Einführung erwähnt, aus der alten Kuldeer-Kirche entstanden. Douglas Monroe hält die meisten heutigen Druiden für versteckte *Wicca*-Anhänger, während es früher klare Unterscheidungsmerkmale gab, welche die beiden Schulen deutlich voneinander trennten.

Das *New Forest Centre* ist daher als eine bewußt auf das ursprüngliche Druidentum orientierte Gegenbewegung gegründet worden, die dazu beitragen will, ein Bewußtsein von Echtheit und individueller Prägung des Druidentums wiederherzustellen. Nach eingehender Beschäftigung mit einem so authentischen Werk wie dem *Book of Pheryllt* hat der Autor festgestellt, wie weit sich das Druidentum von den Prinzipien seiner Gründungsväter entfernt hat. Fast alle heute existierenden keltischen Logen stützen sich auf eine in hohem Maße christianisierte Form des Bardentums, das im späten Mittelalter und in der Renaissance allgemein verbreitet war. Das *New Forest Centre* hat demgegenüber all jenen etwas zu bieten, die ahnen, daß am eigentlichen Druidentum noch »etwas mehr dran« ist.

Auf die im *Book of Pheryllt* beschriebenen magischen Übungen und Lehren trifft dies zu. Sie sind lebendig und kraftvoll. Zweifellos werden sie wesensverwandte Seelen – solche, die sich aus Druidenzeiten jetzt wieder inkarniert haben – mit einem vertrauten Werkzeug versehen können, und diese werden in der Lage sein, ihre einstige Autorität wiederzuerlangen. Dies ermöglicht ihnen das Gestalten einer vielversprechenden persönlichen Entwicklung. Wie ist dies zu erreichen? Jeder auf seinem eigenen Wege, durch das Mittel der Lehrlingschaft, und in Einklang mit dem ursprünglichen druidischen System.

Hier könnte der Leser zu Recht einwenden, daß sich die Zeiten geändert haben. Das haben sie in der Tat – im *New Forest Centre* lebt jedoch eine ebenso kreative wie engagierte Gemeinschaft, die keine Mühe gescheut hat, die Methoden des *Pheryllt* jedem zugänglich zu machen, der bereit ist, an seiner persönlichen Entwicklung zu arbeiten. Abschließende Initiationen auf allen Stufen werden im Zentrum ebenso durchgeführt wie alle Bewertungen und »Hohen Suchen der Meisterschaft«.

Wenn Sie weitere Informationen wünschen oder Fragen haben, können Sie sich wenden an:

New Forest Centre
P. O. Box 491
Westfield, NY. 14787
USA.

Verlag Hermann Bauer · Freiburg im Breisgau

Douglas Monroe

Merlyns Vermächtnis

3. Aufl., 432 S. mit 122 s/w-Abb., geb.; ISBN 3-7626-0502-5

Britannien in einem Sommer des 6. Jahrhunderts n. Chr. Ein Junge sitzt auf den Felsklippen des Klosters Tintagel und schaut dem Spiel der Wellen zu. In wenigen Stunden wird er in den Wäldern zum ersten Mal seinem Lehrer Merlyn begegnen, dem großen Druiden, Magier und Seher. Seine Lehrjahre bei diesem Hüter keltischen Wissens werden Arthur in der Folge mit allen geheimen Überlieferungen des Druidentums, der alten Naturreligion, vertraut machen – mit der Beherrschung der Elemente, mit den Kräften der Natur, dem Zyklus der Jahreszeiten, mit magischen Ritualen und kraftvollen Techniken der spirituellen Transformation. Von der Felsenküste Tintagels führt Arthurs Weg in Merlyns Begleitung durch manch gefahrvolle Begebenheit und Bewährungsprobe – bis nach Stonehenge, wo der junge Mann schließlich zum Priester-König geweiht wird.

Schauplatz ist die Landschaft der britischen Insel, mit ihren Höhlen, Küsten und Bergesgipfeln und sagenumwobenen Kraftorten wie Camelot, Stonehenge und den Apfelgärten von Avalon.

Merlyns Vermächtnis basiert auf alten Sagenfragmenten und keltischem Volksgut. Die Kämpfe und Visionssuche des jungen Arthur sind in fesselnder Erzählkunst beschrieben. Dieser großartige Roman läßt eine historische Epoche Britanniens lebendig werden, macht authentisches druidisches Wissen erstmals zugänglich und ist zugleich ein einmaliges Leseerlebnis.

Verlag Hermann Bauer · Freiburg im Breisgau

Verlag Hermann Bauer · Freiburg im Breisgau